幸せな人は知っている

「人生を楽しむ」ための30法則

小林正観

フォレスト出版

はじめに

ある会社の社長が亡《な》くなりました。心臓マヒ。いきなりの死亡でした。社長は林の中を歩いていましたが、突然きれいなお花畑に出ました。美しい青空、寒くなく暑くなく、とても気分がよいところです。お花畑の向こう、感覚的には一〇〇メートルほど先に、川が流れていました。お花畑に出たとたんに、どこからか声が聞こえてきました。男の声、女の声、どちらとも言えず、荘厳《そうごん》とかおごそかとか、そういう感じもない。といって、冷たい事務的な声というのでもない。

その声は、こう言ったそうです。

「川のほとりまで行ったら、そこであなたの人生について尋《たず》ねる。川のほとりまでに、どんな人生だったかを、まとめておきなさい」

この社長は、他人の一〇倍も二〇倍も働き、努力して、頑張《がんば》ってきた人でした。会社も大きくし、従業員も増やした。商工会の役員もやり、名誉や地位も充分に手に入れていました。

「胸を張って、人よりもたくさん努力し、頑張ってきた、と言える。それなりの成果、実績、数字も達成してきた」

と思ったそうです。

川のほとりまで来ました。いわゆる「三途《さんず》の川」でしょうか。

再び、「あの声」が聞こえてきました。

「それでは、あなたの人生について聞く。答えの用意はできたか」

胸を張って、社長は、

「はい」

と答えました。

何でも聞いてください、たくさんのことをやってきた。恥ずべきことはないし、自慢できることは多い。誇《ほこ》らしい気持ちで質問を待ったそうです。

「それでは聞く。人生を、どれほど楽しんできたか」

社長は絶句しました。

答えられなかった。

人生を楽しもう、と思ったことはなかったし、楽しんだこともなかった。

従業員を怒鳴《どな》りつけ、家族に対しても厳しかった。自分に厳しく生きてきた分、社長は周りの人にも常に、厳しく当たってきました。「楽しむ」という概念は、社長の人生には、なかったのです。

答えられずに、絶句していました。

「あの声」は、こう言ったそうです。

「あなたは人生について考え違いをしていました。もう一度、やり直しなさい」


えっ、と思った瞬間に目がさめました。

生き返ってしまったのです。

完全に心臓が止まり、死んでいたのに、生き返りました。

そして社長はその後、まったく違う人格の人になり、ニコニコして楽しい、誰からもその存在が喜ばれる人になりました。

〝魂《たましい》〟は進化します。しかし、〝魂〟だけのときは進化しません。進化するためには肉体が必要です。

肉体の存在を通してのみ、私たちは進化することができます。

〝魂〟が未熟なときは、病気や事故、出来事、現象について、「つらい」「苦しい」ととらえます。

〝魂〟が進化すると、出来事すべてに「楽しい」と思い、「おかげで成長できた」「ありがたい」と思えるようになります。

「未熟」と「進化」の中間に、「修行」ととらえる期間があります。

「人生はいろいろな修行の場」ととらえることで、「つらい」「苦しい」という感覚からは卒業できますが、本来の人生は「修行」のために設定されているものではありません。

「人生は楽しむもの」

この本では、「人生を楽しむ」ための30法則をまとめてみました。

「つらく、苦しい」と人生をとらえていた人が「楽しむもの」と思えるようになったら、この本ができた意味があります。

もくじ

第2章 目の前のことを大事にするだけで、人生は成り立つ

第3章

笑顔でいつづければ、人生は変わる

第4章 全部に感謝をすれば、全部が変わる

第5章 「人生を楽しむ」秘訣は、良き仲間と共にいること

装丁◆小口翔平+岩永香穂(tobufune)　本文デザイン◆富永三紗子　DTP◆フォレスト出版編集部

第1章

幸せは、「私」が感じたときだけ存在する

1

幸せという現象が存在するのは、「私」が感じたときだけである

◆今、この瞬間に無限の幸せを

幸せの本質はとても簡単です。唯物論的《ゆいぶつろんてき》に、幸せという名の現象がどこにあるのか、とずっと追い求めてきました。

でも、何かを手に入れたら幸せになる、ということではなく、世の中に幸せという名の現象がどこにも存在していない。

たとえば目の前にバラの花やコップの水があれば、まず一〇〇人ともその名前を認識するでしょう。でも、一〇〇人が一〇〇人とも「これが幸せ」といえる現象や事物、出来事を持ってくることはできません。

そこに気づいたときはかなりショックでした。でもそこで、唯物論的に考えました。幸せという名の現象が存在していないのに、なぜ「幸せ」という言葉があるのだろうか。辞書や私たちの日常生活の会話の中に言葉として存在しているのだろうか。これも考えに考えた結果、意外に簡単な結論になりました。

「幸せという名の現象があるからだ」

では、歴史上にも地球上にも「幸せ」という名の現象が存在していないのに、どこに幸せが存在しているのかというと、私がこれを幸せだと思った瞬間に、その人にとってのみ幸せな現象になるということなのです。

それなのになぜ、私たちは幸せというものを感じにくくなったのでしょうか。それは、私たちは学校教育の中で、比べ合うことしか教わらなかったからです。比べ合う世界の中で、自分が上のほうにいて、他の人より抜《ぬ》きん出《で》ることが幸せと思わされてきたからです。

人よりもたくさんのお金をもらい、大きな家に住み、いい車に乗って……というふうに思い込まされてきました。競《きそ》い合うこと、比べ合うこと、争うこと、という価値観が自分の中から取り払われたときに初めて、幸せは手に入ります。これは、観念論、精神論、人格論ではなく、唯物論としての結論です。

幸せという名の現象が存在するのは、「私」が感じたときだけ。

これが理解できた人は、今、この瞬間に無限の幸せを手にすることができます。自分の足で歩けること、目が見えること、人と話をしていて、自分の耳で聞くことができて、その話を理解ができることも幸せです。幸せだ、と思えばいくらでもそう思うことができます。

宝くじで大当たりする確率が一〇〇〇年に一度だとします。幸運・ラッキーというのは、実は私たちが決めるのですが、その幸運を求めたときにそれが得られるのは一〇〇〇年に一度です。一〇〇〇年に一度の幸運を求める人は一〇〇〇年に一度。一年に一つ、一カ月に一つの幸運……というように決めることもできます。

毎日一つずつ幸せをみつけようと思えば年間三六五個の幸せが手に入ります。でも一日は二四時間あるのですから、一日に二四個幸せを感じてもよいのです。自分が感じるだけだからです。

一時間は六〇分あるのですから、一分間に一つずつ幸せを感じることができたら、一時間に六〇個も幸せを味わえます。一日に一四四〇個です。でももっと感じてもよい。では一秒に一個、一秒に一〇個でも感じることができるのではないでしょうか。

目でものが見える幸せ、耳が聞こえる幸せ、言葉が発せられる幸せ、ものが食べられる幸せ、手で何かをつかめる幸せ、家族のいる幸せ……。

このように、いつも自分が幸せと感じられることを一〇個や二〇個、自分で箇《か》条《じょう》書《が》きにしてみるとよいと思います。そうすると毎秒毎秒、幸せを感じることができます。「私」が、幸せを感じられるかどうかです。

幸せという名の現象は存在しない。「私」がそう思ったときに初めて誕生します。

◆温かい一杯のお茶が幸せ

ところで、五〇〇年ほど前の人物でたった一人だけ「これが幸せ」と言える人が思い浮かびます。一〇〇人が「幸せ」と言えるかもしれない、その現象を提示する歴史上の人物、それは安土桃山時代の茶人、千利休《せんのりきゅう》です。

千利休ならにっこり笑って、こう言うかもしれません。

「**一杯のお茶が（全宇宙の）幸せである**」

千利休が言っていたこということのは、

「一杯の温かいお茶に万感の思いを込めて、その幸せを味わいなさい」

ということでした。本当にその心がわかったら、温かい一杯のお茶が幸せなのだ、幸せはそこにあるのだ、ということが実感できるようになるでしょう。

2 正しいか正しくないかを基準に人を怒ることはしない

◆誰が正否を決めるのか

朝九時に始まる会社があります。ある従業員が三〇分遅れて九時半になってやって来たとする。皆さんが社長だったら怒るでしょうか。

実はその社員は、前夜に自分の親が突然倒れて、救急車で病院に運ばれた。それに付き添って入院させ、朝に帰ってきて、夫や子どもに食事やお弁当をつくった。そして自分は全然寝ていない状態で、息を切らせながらやっと会社に出られたのが九時半だったのかもしれません。

そうしてみると、遅れてきたことがいけないこととは決められないのではないでしょうか。いけないとか間違っているということを誰が決めるのでしょうか。

宇宙にはそういう基準がありません。

「私」が決めているだけです。「私」が人に迷惑をかけてはいけないと思うのだったら、**「私」の基準でそれをやっていってもいいけれど、その同じ基準を人に押し付けないほうがよい**と思います。

これが正しいことではないですか、と、その正義感を振り回して、周りを傷《きず》つけてしまうことがあります。でも、「私」がどう生きるかは別。「私」はどんなことがあっても、九時始まりに遅れないようにしようと思うのはかまわない。でも、九時半に来た人をいきなり怒ったりするということは、宇宙的に支持されることではないかもしれません。

もし事情を聞いてから、怒るか怒らないかを決めるのだったら、ではその人が事情を話さなかったらどうするのでしょう。私たちには相手の事情や悲しみなど、いろいろなことがわかってはいません。ですから、**正しいか正しくないかを基準に怒るのはやめよう、**と思うのです。

私たちは神さまではないので、自分の思ったことが正しいか、正しくないか、ということは決められない。

では、何を基準にして生きればよいのでしょうか。**自分が正しい、正しくないと思うこと自体は、変えなくてもよいから、それは自分だけの生き方に当てはめる。そして、他の人にその物差しを当てはめないこと**でしょう。

自分が正しいと思うのだったなら、どんな状況であっても「私」は人を傷つけないと決めるのはよい。

でも、その価値観や物差しを、人に対して一般論や常識として「こうあるべきだ」と、まるで自分の言葉、自分の考えを正しい物差しのように言って、相手を裁いたり計ったりするのは、やめたほうがいいように思います。

「私」がどう生きるかだけ。「私」が正しいと思う、その信念はあくまでも自分を律するという意味で〝実践〟していってはどうでしょう。

◆許す者は許される。許さない者は許されない

私は四八歳のときに「うたしごよみ」という日めくりカレンダーをつくることになり、私自身が発見した宇宙の法則を言葉にして、三一日分を載せました。

それは、四八年間の人生をかけてやっと到達した結論で、誰かから教わったことではありません。その三一の結論の一つに、

「**投げかけたものが返ってくる。投げかけないものは返ってこない。愛すれば愛される。愛さなければ愛されない。嫌えば嫌われる。嫌わなければ嫌われない**」という言葉があります。

実は、四八年かかってやっと得られたその言葉を、今から二〇〇〇年前に言った人がいます。それはイエス・キリストでした。

宿泊先のホテルで、たまたまキリストの生涯を映画にしたものがテレビ放映され、私はそれを観ていました。その中でキリストは弟子たちに向かって、こう言うのです。

「許す者は許される。許さない者は許されない。裁《さば》く者は裁かれる。裁かない者は裁かれない」

この言葉を、キリストはわずか三二歳で言っているのです。三二年の経験量で、この宇宙の鉄則にいたることは難しい。ものすごいショックでした。そしてその瞬間、キリストは神の子だと思いました。

唯物論的にそう思えたのです。神から教わったのでなければ、三二歳の青年が自分の経験の結果として、この結論にいたるには若すぎます（ちなみに私はキリスト教の信者ではありません）。

◆自分の正しいと思う感覚で人を裁かない

実は、四八歳と三二歳の間の一六年というのは、単純な年数ではありません。もし今、四〇歳だとすると、四〇年までの情報量、経験量と、四一歳までの一年とは、同じ重さを持っています。その一年は膨大《ぼうだい》な内容と密度と充実感を持っています。その四一歳までの経験量や知識量、情報量と同じだけの密度と情報量が、今度は四二歳の一年に入ってきます。

つまり今までの人生の総量に相当する情報量や楽しさ、面白さが、これから一年間に待っているということになります。今、一〇代、二〇代の方たちにはまだわからないかもしれませんが、三〇歳を過ぎると、加速度的に情報が入ってきて、人生がますます面白く展開されることでしょう。

そういうわけで、一六年の差というのは一六年分だから大したことはない、ということではなくて、三二歳の人と四八歳の人は、情報量が二の一六乗違うのです。

キリストは自分の経験から何か教えを割り出したのではなくて、明らかに宇宙の構造や仕組みをつくった人からその構造論を聞いていたのだろう、という結論になりました。

神という名の存在がいて、その神の子である情報をたくさんもらっていたキリストという名の存在がいて、本当に神と子の関係が存在したらしい、ということを確信せざるを得ませんでした。

「許す者は許される。許さない者は許されない。裁く者は裁かれる。裁かない者は裁かれない」のです。**何が正しくて何が正しくないのか、ということをキリストは言っていない。ですから、自分の正しいと思う感覚で人を裁かないほうがいい、ということになる**のです。

3

何が正しいかを問いかけるよりも、自分がどう生きるかだけを考えて生きるほうが楽しい

◆人を見る目を温かく

ものの見方の例をお話ししましょう。

飛行機テロの事件があった後、飛行機を利用した海外旅行がいくつもキャンセルになったことがありました。これをものの見方、という点でいうと、そういうときにもっとも安全な乗り物は飛行機だということになります。厳重なチェックをしているので、非常に安全だといえるのです。

それ以外にも、食中毒を出して何日間か営業停止になったレストランがあると、「あそこは食中毒を出したところだから、行くのをやめよう」という考え方が多い

のですが、私はまったく違う考え方をしています。むしろ、そういうレストランを選んで行きます。

なぜなら、そういうお店こそ大変安全性が高いと思うからです。実はそれをベースにして細心の注意を払って厨房《ちゅうぼう》を清潔にしているはずだ、という考え方です。

そのようなものの見方を自分の身につけるようになると、人を見る目、物事を見る目が変わってきます。

◆社長がいい加減になったらみんな笑顔に

ある文房具の販売をしている会社の社長さんが講演会の後、相談に見えました。

「三〇人くらいの社員がいて、八時半に会社が始まるのだけれど、自分は半年くらい前から毎朝七時に行って事務所の掃除をしています。そうしたら、五、六人の社員が七時に来るようになって、一緒に掃除をするようになった。

でも、正観さんの話を聞いていてショックを受けました。自分は社員の手本になるような社長でいようと思って、率先してやっていたつもりだったけれども、私はそれをやめたほうがいいでしょうか。早朝出勤をやめて、重役出勤をしたほうがよいでしょうか」

私は言いました。

「私がもし社員だったら、三日で辞めるでしょう」

七時に来て、社長と社員五、六人が一緒に掃除をしている。その五、六人は社長の覚えもよく、社長は気持ちよいかもしれません。

でも、定刻通り八時半に出勤してくる社員が二五人います。この人たちは、一日中笑顔が出てくるでしょうか。義務は八時半出勤でも、朝行った瞬間から自分はある種劣《おと》った状態にあるわけです。それが毎日続くわけです。社長と共に掃除をしている五、六人は心地よいかもしれませんが、それ以外の社員は居心地悪くて笑顔が出ないのではないでしょうか。

そうお話しして、その社長さんに聞きました。

「他の二五人に笑顔がありますか」

と。そうしたら「笑顔が無い」ということでした。その方はだんだんと気づいたようでした。

「自分は戦時下生まれだから、自分に厳しいのが正しいと思ってやってきたが、周りの人を楽にはしていなかった」と。そして翌日から重役出勤するようになったそうです。その切り替えができたこの方は、すごいと思いました。

二カ月くらい経って、同じ場所で講演会があった。そこにその社長さんも参加されたので、状況をお聞きしてみました。

長いこと、社員に「お客様に笑顔を見せなさい」とか「柔らかい優しい対応をしなさい」と言ってきたけれど、社員は全然そうならなかった。なぜかというと、自分が「なんで笑顔にならないんだ」と後ろから怖《こわ》い顔で社員たちを見ていたからだ、ということに気がついたそうです。

それから、自分は朝七時から掃除をしていてちゃんとしているのに、君たちはちゃんとしていないじゃないか、という目で一人一人を見ていた。それでたぶん、怖い顔をしていたから、笑顔にならなかったと思う、と。

そこで**自分が重役出勤をするようになって、「いい加減」になったら、社員がみんな一日中笑顔なのだそうです。**今までどうやっても社員が笑顔にならなかったのが、光り輝くような笑顔になった。

そうしたら面白いことに、年間の売上が落ちてきていたのが、売上が上がり始めた、というのです。

◆力を抜いて、楽しいほうを選ぶ

なぜ売上が上がったのでしょう。

力を抜いて、正論から決別して捨てていくと、売上が下がるのではなく上がるのです。ここはとても重要なポイントです。

「では売上を上げるために力を抜くぞ」と言った途端に逆風になります。

正論を言っている結果として周りが動いてくれない状態と、自分が「いい加減」になって、周りが笑顔で楽しく寄ってきてくれる人生と、どちらが楽しいでしょうか。

これは、どちらが正しいからこう生きなさい、というのではありません。自分にとって人生はどちらが楽しいのか。**何が正しいかを問いかけるよりも、「私」がどう生きるかだけを考えて生きるほうが楽しいのではないか、**ということです。そのほうが、周りの人間関係も社会の約束事も、スムーズに流れていきます。

人間は自分が自分に対して厳しいと、人にも厳しくなってしまいます。他人に寛大になるために、どうしても必要な条件、それは自分に甘くなることです。自分が心地よい生き方をすると、他人にも優しくなれます。

4

温かさを投げかければ、笑顔が返ってくる

◆律儀な宇宙はお返しする

私は宇宙法則を日常生活に使いこなしている結果として、臨時収入に恵まれるようになりました。が、そのお金のほとんどを人にお貸しして、預貯金がゼロになったことがあります。

けれどもまとまったお金が必要になったときも、お貸しした人たちに催促して返してもらおうとは思いません。**なぜなら、喜ばれるようにお金を投げかけていると、自分が必要なときにはなんとかなる**と思っているからです。

「投げかけたものが返ってくる。投げかけないものは返らない」そういう単純な構

造です。たとえば自分が何かの事情でお金を貸す羽目になったとします。そのお金が惜しくて一生懸命取り戻そうとすると、戻ってこないようです。でも、投げかけていると別のかたちで返ってきます。

あるとき、このような話がありました。三億円の建物を三〇〇〇万円で買ってもらえないだろうか、というのです。

そこには、波動調整のモニュメント、というものや、水晶や炭を埋め込んだりヒノキ材を使ったりと、心と体にとても良い建物でした。ところがその運営がうまくいかなくなり、一年間閉鎖されている、というのでした。維持するだけでもお金がかかるので、誰かに買ってもらおう、ということになったのだそうです。

私はその建物を欲しいと思っていたのではありませんでしたが、ただお金が必要で何とかしてほしいという話だったので、あれこれかき集めて一〇〇〇万円でなら買えます、とお伝えしました。

すると少し経ってから「それでもよいので買ってほしい」という返事があった。つまり三億円かけてつくった建物を、その約三〇分の一の値段で手に入れることになったわけです。

私自身はその施設を必要ではありませんでしたが、お金が必要だということだったので、お引き受けしました。その値引きされた額は私が貸している金額のちょうど四倍でした。

「律儀な宇宙の倍返し」といつもお話ししているのですが、私自身の経験上でいうと、投げかけたものが四倍の価値になって戻ってきました。それがいつ返ってくるのかは考えずに投げかけてみる。これはお金のことだけではありません。**周りの人に対して厳しさではなく優しさを投げかけると、その温かい笑顔は四倍になって返ってくる**ようです。

◆何を投げかけていくか

世の中には伝染しやすいもの、というのが三つあります。

一つ目があくび。

二つ目が不機嫌。

三つ目が笑顔。

もし自分の周りが不機嫌な人ばかりで笑顔がないなあ、と感じたら、それは自分が投げかけているからかもしれません。この三つは周りに対して、すぐ影響を与えてしまうものです。

自分が、**家族に笑顔を向けて、温かさを投げかけていくと、それを見ている家族もだんだん笑顔になっていく**のではないでしょうか。笑顔に囲まれた自分がいちばん心地がよい、と私は思います。

厳しさを与えて全然笑顔で接しない人は、結果として自分がいちばんつらい立場になる。そして、いつも自分の家族も友人も職場も、みんなが笑顔になっているような状況に囲まれている人は、本人がいちばん得をすることになります。

世のため、人のためにそうなりなさい、というのではありません。「私」がどう生きていくか、というだけ。自分に厳しくて、他人に優しくなろうというのは神さまのような人格です。

でも、私たちはそのような高いところを目指さなくてもよい。**まずは自分に甘くなることで、他人に対しても優しくなれるような気がします。**

5 人生の前半は求め、後半は執着を捨てる

◆人生には折り返し点がある

私たちの人生には、出発点と折り返し点があります。ちょうどマラソンのコースが、一本道ではなく大体折り返し点が設定されているように。なぜマラソンのコースに一本道ではなく折り返し点を設けるかというと、追い風と向かい風が同時に有利不利に働くようにできているからです。

行きが追い風なら帰りは向かい風、行きが向かい風なら、帰りは追い風、というように往復で風を受けることで、有利不利が相殺されるようになっています。上り坂があれば、同じだけ下り坂がある。有利不利を平均化するためには、折り返しを

つくらなければならないわけです。

そして人間の人生というのも、仮に寿命が八〇歳だとすると折り返し点が四〇歳です。七〇歳の方なら三五歳が折り返し点になります。往路の場合、求める心が強いほど追い風になります。後半は、執着を捨てる心が追い風になります。

人生の前半生は、折り返しまでの半分は求める心が強いほど、それが追い風になります。そして執着を捨てていく、ということは自分にとって働いたり動いたりすることの逆風になります。ブレーキを踏む心になります。

ところが、人生前半の追い風が強ければ強いほど、人生の後半は向かい風になります。逆に執着を捨てる心が強ければ強いほど、人生の後半は追い風になります。この風の強さは自分が設定しています。もし自分が人生の折り返しを過ぎているな、と感じる人は、この復路に入っています。

人生の後半生は、こだわりや執着を捨てていく作業の過程なのです。若さや美しさ、体力、気力に対するこだわりの心を捨てていく。

実際に体力や気力も若い頃ほど持たないので、「ああ、そんなに若い頃と同じには頑張れないよね」と執着を捨てざるを得ません。親や配偶者、長年の友人との決別、子どもの独立など、人生の後半は決別の連続です。それに対していかに執着しないか、ということを自分の中につくっていくことでしょう。

そして、**人生の後半生で執着を捨てる心が強ければ強いほど、人生が楽しい。向かい風がなくなるからです。**求める心が強くて、あれが欲しいこれが欲しい、と言っている力が強ければ強いほど、逆風が強くなる。幸せの構造というのはこのように簡単になっているらしいのです。

6 頼まれごとを笑顔でやって人生を終えるのが、私たちの使命

◆人生のテーマは「喜ばれる存在」であること

今生での「私」の使命、役割を教えてほしい、と聞きにくる方がおられます。そのときにお答えするのは、次のようなことです。

不平・不満、愚痴《ぐち》、泣き言、悪口、文句を言わないでいると、三カ月くらい、人によっては半年ぐらいで頼まれごとが増えます。頼まれごとを「はい」と引き受けながら、好き嫌いを言わずにやっていくと、三年ぐらい経ったときに、自分がある方向で動かされていることに気がつきます。

どうも、こういう方向で自分は動かされているみたいだな、と認識をした瞬間を

「立命《りつめい》」の瞬間といいます。その立命に気がついたら、後は考えないで、ただ「はい、はい」と言ってやっていく、ということです。立命の後は何も考える必要がありません。

私たちは頼まれごとが来て、それを笑顔でやっていって生涯を終える、というのが、この世での使命、役割。「頼まれごと」＝「喜ばれる存在であること」、それが私たちの人生の目的です。

ある経営者の方がこう言いました。

「私は人生の六五年の中で悪戦苦闘してきました。何をやっても、人の二倍、三倍の努力が必要で、その二倍、三倍の努力をしなければ人並みにならず、五倍くらい努力をしてやっと少し生活が楽になるような状況でした。いったい、自分の人生は何のためにこの世に存在しているのでしょうか」

自分の前世は何者で、来世は何者で、自分の頭に入っている魂《たましい》というのは何者か知りたい、というのです。その方は、人生について六五年ずっと考えてきたのでしょう。私の答えを聞いてから、二分くらい絶句していました。二分ほど経ってからこう言いました。

「わかりました」

そう言って帰られました。その方に私はこうお答えしたのです。

「もし、あなたの前世が五人～一〇人の人を殺した殺人者だとします。では、今《こん》生《じょう》生まれ変わってのテーマは何だと思いますか」

「わかりません」

「**喜ばれる存在になりなさい、**というのが、今生でするべきことですよね。では、前世でもし、とても人に喜ばれて、みんなから尊敬され、敬意を持って慕われるような存在だったとします。今生でのテーマは何でしょうか」

「わかりません」

「**より喜ばれる存在になりなさい、**ということですよね」

そうであるならば、前世が何者であったかを考える必要はなくなります。前世が何者だったから、今生何をしなくてはいけない、ということを考える必要はないのです。**前世が何者であろうと、今生でのテーマは「どうしたら喜ばれる存在になれ**

るか」。

もし前世が喜ばれる存在であったなら、もっと喜ばれる存在になりましょう。もし前世が喜ばれない存在であったら、今生では喜ばれる存在になりなさい、ということですから、前世に関心を持つ必要はないと思います。ただ、今生でどう喜ばれる存在になるかということだけです。

◆煩わされない生き方

その今生でどう生きるか、ということについて、**目の前の現象について論評評価する必要はなく、「私」がどう生きるかだけを考えればよい**、ということになります。ですから、

「こんなに嫌なことがあるじゃないか」

というような「嫌なこと」というのは本来ないのだ、ということです。

「この印鑑を使うと幸福になって、この印鑑を使わないと不幸になる」と言われて

二〇万も三〇万も出す人もいます。でも今の話をもう一度考えてみてください。私が不幸だと思ったら不幸、私が幸せだと思ったら幸せなのです。印鑑自体が何かの力を持っている、ということはありません。

開運のために名前を変えなさい、名前を変えないで今のままだと不幸になるぞ、と言われることがあります。そうして霊能者といわれるような人にお金を払って、もらった名前が、文字の画数が多くて、しかも読みにくかったりします。名前は覚えてもらって役に立つものですから、電話でも呼び出しにくいかもしれません。読みづらい名前は、逆に人生を面倒にしている可能性があります。

なぜ、そのようになるのかというと、原因は一つ。幸と不幸が存在している、と思っているからです。そうではなく、**幸と不幸は私自身が決める。**

この基本構造が全部わかったら、ありとあらゆる人生上の問題に煩わされることがなくなるでしょう。

第2章

目の前のことを大事にするだけで、人生は成り立つ

7

感謝してやることをやれば、次の役割が与えられてくる

◆感謝して受け入れる

初めて講演会で私を見ると、驚かれる方もあるかもしれません。誰が見ても虚弱体質で、いつ倒れてもおかしくないように見えるようです。

ところが、私はこれまで一度も病気をしたこともなければ、倒れたこともありません。かといって、健康維持のため食事に気を遣ったことはなく、運動もまったくしていない。

世の中には、健康維持のためには玄米と野菜食でなければならない、肉やハンバーガーは食べてはいけない、と決めている人たちもいます。けれども「**これが体**

に悪い」「この防腐剤、着色料、添加剤が体に入るのが悪い」と、ずっと言い聞か**せながら食べていると、食べたものは体の中に入ったときに、言われた通りに体の中で悪く働くようになっているらしい。**

そのように気にしていることの対極にあるのが「感謝」でしょう。

もし、飢餓の状態にある国の子どもたちが、目の前に食べ物があったときに、「これは添加剤が入っているから食べてはいけない」「健康に留意しなくてはいけない」と言って食べないでしょうか。食べられるものがあれば、ありがたく感謝して食べるだろうと思います。そのように感謝をして食べていると、体にとって悪くはならないのです。

どんなものであっても、

「私の体の一部になってくださって、ありがとう」

と言いながら食べると、体は元気になるようです。

私は玄米も白米も食べますが、小林家はずっと白米です。講演会を毎日していますから、いただく食事もお弁当や外食がメイン。そのすべてを美味《おい》しく食べています。コーラもサイダーも、無果汁のジュースも飲みます。それでもまったく病気をしていません。

そして自分自身、病気をしてもいいし、事故に遭《あ》ってもよい、というようにすべてを受け入れるという状況で生きています。ですから、自分が何かをやりたいとか、何かに到達したいとは、まったく思っていません。

◆自分探しは、今の自分を否定している

私たちは、自分の人生でこの目標をクリアしたいとか、あれを達成したい、と思ったときに、今の自分が気に入らないと言っていることに気づく必要があります。

「本当の自分探しをして二五年経つのですが、本当の自分がみつからないのです」という人に出会うことがあります。今、そうやって気に入らない自分、というのを認識しているのが、本当の自分です。**本当の自分探しをしている人は、今の自分を否定しています。**でも、もっとすごい自分がどこかにいるわけではありません。

「本来、私はこんなところで、つまらない主婦を、サラリーマンを、している立場ではない。もっとすごい役割や使命があるはずだ」

と思って、家事や仕事を、全部手を抜いて嫌々やっているとします。もっとすごい役割を持っているということを探すのを、自分探しだと思っているのです。もし神さまが上からその様子を見ていたら、

「主婦としてサラリーマンとして、やるべきことをやっていないのならば、すごい仕事を与えても、やらないのではないかな」

と思うでしょう。

今、主婦をやっているのが自分、ＯＬやサラリーマンをやっているのが自分。それを認識した自分が、少しずつ人格が上がっていくと、向こうから応援をいただくことがあります。その応援をいただいたときは、自分が何かをやろうと決意をする必要はありません。

流れが来るからです。逆に言えば、自分が何かをやろうと決意して力んでいるうちは、何も流れてきていないのかもしれません。

今やるべきことが目の前に存在しているなら、それを手を抜かずに感謝してやることで初めて、ちゃんとした次の仕事や役割が与えられるのだと思います。

8 今の状況に文句を言わずに黙々とやる人は、信頼される

◆仕事を選り好みしない

私は旅行作家としても全国を歩いていましたが、二〇代前半の頃、旅先で二八、九歳くらいのＯＬの女性たちから、よく相談を受けました。私より年上のはずなのですが、「お兄さん、お兄さん」と呼ばれていたのでした。私は当時、二一、二歳にして三〇代前半に思われていたようです。それで本当の年齢を言うことができませんでした。

そのときに、このＯＬの女性たちが相談することは決まっていました。

「四年制の大学を出たのに、コピー取りとお茶汲《ちゃく》みしかやらせてもらえません。本

当はもっとちゃんとした仕事をしたいのだけれど、上司に言ってもまったく取り合ってくれないのです。頭にきて、この会社を辞めようかと思うのですが、どう思いますか?」

という内容でした。二一、二歳の社会経験のない私のような立場で、どうして相談の答えが出るか不思議なのですが、誰に教えられたわけでもなく、そのときに自然と答えが湧《わ》いてくるのです。そういうときこのようにお答えしました。

「私がもし上司だったら、コピー取りやお茶汲みさえもちゃんとしない人に、他の責任ある仕事は任せないと思います」

コピー取りとお茶汲みが気に入らない、と言っている人は、どんな仕事を与えてもたぶんやらないでしょう。**気に入る仕事、気に入らない仕事を部下が選り分けていたとすると、上司は頼みにくい。**好き嫌いを言っている間は任せられないので、責任のない仕事しかやってもらわない、ということになります。

でも、**何をやっても自分の責任で、黙々とずっとやっている人、与えられたことをじっとやっている人だったら、上司は信頼するでしょう。**

◆鍋磨きという仕事を徹底してこなす

帝国ホテルの料理長を二六年間務め、重役になった村上信夫さんという方がいます。「ムッシュ村上」の愛称で呼ばれ、NHKの「きょうの料理」にも出演してお茶の間に親しまれてきました。この村上さんは、厨房から初めて重役になった唯一の人です。一〇代のときに帝国ホテルの厨房に入ってからは、三年間、仕事が鍋磨《なべみが》きのみだったといいます。まだ徒弟奉公《とていほうこう》が残っている頃の話ですから、一切、料理に触れることが許されませんでした。

三年間、鍋磨きだけで、まったく料理を教えてもらえず、何人もの少年が入っても、一年以内にほとんどの人が辞めてしまったといいます。その中で村上さんだけは辞めなかった。「日本一の鍋磨きになろう」と決意をして、三年間鍋をピカピカに磨くことにしました。

自分のところに回ってくる鍋には、料理が残っていても、ソースの味がわからないように、洗剤などが入れられた状態で来るのだそうです。それを全部、きれいに磨いた。当時は銅の鍋で、銅というのは磨けば磨くほどきれいになるらしい。それを自分の顔が映るくらいピカピカに磨いたといいます。

そうして三、四カ月経ったところで、

「今日の鍋磨きは誰だ」

と先輩が聞くようになったそうです。

「今日の鍋磨きはムラ（村上さんの愛称）です」

という答えが返ってくると、そのときだけは洗剤が入っていない状態で、鍋が回ってくるようになった。村上さんのときだけ、先輩がソースを残したまま鍋を返すようになったので、村上さんはそれを舐《な》めて隠し味を勉強するようになり、立派な料理人になったという話です。

どんな人も最初は、お試し期間があります。一〇代の少年に、初めからチーフを任せるという世界はありません。

でも、この人に鍋磨きという仕事を与えられたときに、鍋磨きをとことん徹底的にすることで、見込まれる。**今置かれている状況に文句を言わずに黙々とやっている人に、神さまは微笑《ほほえ》むようです。**

9

肯定的な明るい言葉を言うほうが、宇宙全体が味方になって得

◆一生養おうと決意したら――

私は、二一歳のときに、家業を継がないなら出て行け、と父に言われて家を出ました。そうして九年間一人で生活してきましたが、そのことについて、恨んだり呪《のろ》ったり愚痴や泣き言を言うことは、一切しませんでした。

三〇歳で結婚してから三年間、子どもができませんでしたが、「そういうものかもしれないね」と受け入れていました。

そして三年経って、やっと生まれた子が、知的障害のある子どもでした。でも、この子が生まれたからといって、神さまを呪ったり、宇宙を呪ったりはしませんで

した。

「ああ、こういうものなんだ。それならこの子と一緒に生きていこう」と。この子を一生懸命努力して訓練をして一人前にしようと思うのではなく、この子は働かなくても、親の庇護《ひご》の下で一生食べていけるようにしよう、と思いました。そして、この子が一生涯生きていけるように、私が一生涯働こう、と決めたところから、神さまは潤沢な費用を下さるようになったのです。

障害のある子どもに対して、「この子が自分の力で生きていけるようにしなくてはいけない」と、厳しく教育する親もいます。でも障害のある子どもたちはそれだけでハンディを背負っています。私の長女は、普通の人の三分の一しか筋肉がないため、物を持ったり、走ったりすることができません。筋力が弱いからです。

その状態の子を、訓練して一人前にしようという考え方もあるかもしれませんが、もともと、生まれたときからハンディを背負ってきているのです。その子に、生まれてからなぜ、さらに厳しい教育を課さなくてはならないのでしょうか。そこに私は気づきました。

この子はハンディを背負ってきたのだから、無理して努力して一人前に働く必要はない、その分、親が一〇〇%面倒をみよう、と決意をした。それを天に向かって言いました。この子のことは全部、私が面倒をみます、と宣言したのです。

長女は今、一日に四、五時間、障害のある人たちが働いている施設へ行き、そこでいろいろな物をつくっています。数年前、初めてのお給料をもらってきました。私が、その初給料日の一〇日後に講演先から帰ったところ、まだ給料袋の封を開けていない状態だった。妻が、初給料の封を私に切ってもらおうと開けずに取っておいた、というのでした。

この子が一カ月働いたお給料はどのくらいだろうね、と言いながら封を切ってみました。中には現金が四〇〇〇円入っていました。この子が一カ月、朝から夕方まで働いて稼いだお金です。それを笑顔で「一カ月のお給料だって」と言いながら持って帰ってきた。

この子はお給料という概念もなく、金額がどのくらいのものなのか、という認識もしないので、とても楽しそうに生きています。先生方も仲間たちもいい人たちなので、喜んで通っているのです。

その姿を見るたびに、この子を一生養おう、と私は決意をします。そして、そのように生きてきました。

◆神さまや宇宙が味方になった

この世の中、宇宙には楽しく幸せに生きるためのいろいろな方程式があります。この方程式通りにこうすると、こうなる、というものです。そしてそこには男女の差がなく、年齢の差もありません。五歳の人でも八〇歳の人でも、必ず同じように答えが出てくる、という方程式の番人が神さまという存在のような気がします。

ある方程式、法則に則《のっと》って生きている人は、その通りに神さまが応援、支援を下さるようなのです。その宇宙の法則とは――。

その人が好きな言葉を言っていると、その言葉を言いたくなるように現象をつくってくれる、ということです。

「つらい、悲しい、つまらない、嫌だ、嫌いだ、疲れた」と不平・不満、愚痴、泣き言、悪口、文句、恨み言葉、憎しみ言葉、呪い言葉を、年間一万回言ったとします。そうすると、

「ああ、そういう言葉が好きなのね」

ということで、その言葉を来年は一万回言いたくなるように、一万個の現象をセットしてあげますね、というように働くらしい。その言葉が良い言葉か悪い言葉か、ではなく、**その人が日常口にしている言葉が好きなのだ、と認識されてその通りに動くようになっている。それが宇宙の法則です。**

私は、障害のある長女を受け入れ、この子に無理させることなく、一生涯食べていけるようにしよう、と決意をしました。それを天に宣言したときから、その言葉通りにたくさんの支援をいただけるようになったのです。

神さまは、その人がいつも言っている言葉を、それが好きなのね、と認識すると、その好きな言葉をこの人に言わせてあげたくて、仕方がないらしい。ですから、「うれしい、楽しい、幸せ、大好き、愛してる、ありがとう、ついてる」という言

葉（これを、幸せを呼ぶ七つの神さまの言葉として、七福神ならぬ「祝福神《しゅくふくじん》」と私は名づけました）を、一万回言ったとすると、その言葉が好きなのね、と神さまは思うらしい。神さまには感情がないので、その人がいつも口にしている言葉を、もっと言わせてあげようと思うだけなのです。なぜなら神さまは人に「喜ばれるとうれしい」というエネルギーだけの存在だから。

否定的な言葉を口にしているからといって、意地悪でバチを当てるために現象を起こすのではありません。**ただ、その人が好きで言っている言葉を、もっと言わせて、喜ばせてあげたい、という方程式が働いているだけ**です。

これは、宇宙を貫く、ものすごく基本的・基礎的な法則です。

その事実、法則を唯物論として、私は早い段階で把握しました。そういう意味で、神さまにひれ伏すのではなく、神さまを使いこなす、という言い方をしています。この言い方をしているのは地球上で私一人かもしれません。神さまに「失礼な言い方ですみません」と、いつも謝っています。

その人にとって、うれしいと思われる現象をセットしてくれるのですから、**肯定**

的な明るい言葉を言っていたほうが、宇宙全体が味方になってくれて得です。

どんなに否定的な言葉を言っていても、神さまは敵には回りません。ただ、味方にはならないだけ。そういう意味で、神さまはとても寛大・寛容な存在。

これが、私たちの人生のありとあらゆること全部に共通している、宇宙の法則です。この法則を（宇宙の方程式の番人である神さまを）ぜひ使いこなしてみることをおすすめします。

10　ハンディを持つ子を肯定的に受け入れたとき、福の神だとわかる

私はちょっと普通の人よりも多めに情報を持っています。情報というのは、いろんな現象を、数多く見つめてきた結果としての情報です。

その一端をお話しすると、私の最初の子どもは障害のある子どもなのですが、障害のある子どもが生まれた家がなぜか、二種類にくっきり分かれることに気がつきました。一方は、平均的な経済状態よりも潤沢で裕福《ゆうふく》な状態。もう一方は、標準よりも困窮《こんきゅう》状態で生活をしている、というものです。

二〇家族あるとすると一〇家族は標準よりも裕福な状態。平均的な経済状態の家

族は二〇家族のうち、一家族もない。中くらいの、中流家庭の生活をしているところはなくて、裕福な状態か困窮状態の二つに分かれているのです。

裕福な家の方には共通項があり、困窮状態の家の方にも共通項があります。

裕福な状態の方は、

「この子がうちに生まれてくれて良かった」

と言っている家。この子がわが家に来てくれて本当に良かった、と言っている家は、なぜか標準よりも裕福な状態なのです。

そして、障害のある子どもを持っている家の仲間で、経済的に大変そうな家というのは、

「なんでこんな子がうちに生まれたの」

と言っている家。これを観察し、推理推論していって、一つの結論が導き出されました。

「障害のある子どもは福の神なのではないか」

そしてその福の神は、「自分は福の神だ」という顔はしていないのです。このハ

ンディキャップを持っている子どもに対して、この親たちはどういうふうに接するだろう、と見られているのかもしれません。ハンディを持っているから、冷たくつらくあたって、しかも愚痴や泣き言を言って、という生き方をしているのか、それとも、

「この子はこの子で本当にありがたい。この子が可愛くてしょうがない」

と、本当に幸せに思えるかどうか。こう思える人に、ポイントが記帳されているのかもしれません。

ですから、**障害のある子どもが家に来た場合は、福の神が来たのだ、という認識をするといい**と思います。福の神が来たのだ、と思ったことでニコニコできて、この子を歓迎できたなら、それでもいい。下心でも邪心でも歓迎したほうがいい。歓迎した家、喜んだ家には、経済的な心配がなくなるようになっている。

もし親戚《しんせき》に障害のある子どもがいたら、この話を教えてあげるといいと思います。下心、邪心の結果として、「じゃあこれから、この子どもに対するとらえ方や考え方を変えよう。福の神だと思えば、この子に笑顔を向けられそうだ」ということで

もいいから、この子を肯定的にとらえられるようになると、その家の経済状況は変わります。一生涯お金に困らなくなる。

障害のある子どもが来た家は、経済的に心配がないですよ、と神さまが教えてくれているのかもしれません。

11 すでにいただいているたくさんのことにまず感謝すれば、恵みが増える

◆一〇〇〇の恵みと一つの悩み

営業職の人で「会社で売上を上げろと言われているのですが、どうしたら売上が上がりますか」と聞いてきた人がいます。

「自営業を夫婦でやっているのですが、売上が去年に比べて右肩下がりで、思うように全然売上が上がらない。どうしたらいいでしょうか」

と聞く人がいます。私の答えは全部一緒です。

「目が見えますか。耳が聞こえますか。自分の足で歩けていますか。自分の口で食

べられますか。自分の話す日本語をわかってくれる友人がいますか」

そう聞くと、皆さん「その通りです」と言います。

「では、そのことについて感謝をしたことがありますか」

と聞くと「えっ」と絶句します。

売上を上げろ、ノルマとして営業成績を上げたい、ということだけを挙げて、今自分がどれほど恵まれているか、ということに感謝をすることが足りない人が多いようです。ここが気に入らなくて、ここを何とかしてほしい、と言っている人は、**気に入らない一点だけは宇宙に向かって一生懸命訴えかけるのですが、恵まれていることについては、まったく感謝をしていない。**

それを神さまは見ているみたいです。そして、一〇〇〇もの喜びと幸せをあげているにもかかわらず、なぜ一回も感謝をしたことがないのかな、と思う。それに腹を立てたりはしません。

ただ、方程式として、この人に一〇〇〇の喜びを与えているものについて、一つ取り上げてみるのです。そうするとそこで九九九の喜びと幸せをいただいていたことに気がついた人は、突然にその一つ分がドンと片付きます。

「売上が上がらない、上がらない」と言っていた人が、「そうだ、私は感謝が足りませんでした」と言って、感謝を始めた途端に、何もしないのに売上が上がるのです。人間の努力などというものは、まったく関係がない世界です。

九九九のことについて、幸せで喜びで感謝で、ということをやっていくと、この一つはクリアされる。でも、この一つや二つに対して文句を言っている人は、残りの九九八に対してまったく感謝をしない。**悩み苦しみとは、実は気に入らないその一つ、二つだけをピックアップして「何とかしろ」と言っている状況のこと**です。これを悩みというのです。

悩みがあってもいいのですが、それは思い通りになっていないということ。ですから、たくさんいただいている九九九のことにまず手を合わせて感謝をしてみる、ということを提案しておきます。

◆先に感謝をする

もし、一つが思うようにいかなくて、九九九が満たされていることに気がつき、そのことへの感謝が足りなかったかもしれない、と思ったら、感謝してみることをおすすめしますが、もう一つの素晴らしい方法論もお教えしておきます。

恵みの一つを取り上げられる前に、一〇〇〇**個の恵みに対して、予防医学として先に「ありがとう」を言ってしまうこと。**そうすると、その恵みは取り上げられないらしい。

自分がどれほど幸せで、恵まれているかということに気がついて、来る日も来る日も、その瞬間その瞬間ずっと、「ありがとう」を本当にありがたいと思いながら言っていると、上から見下ろしている方は、「ああ、この人はわかっちゃったんだ」と思うようです。

悩み苦しみというのは、もしかすると思い通りにならないことを、思い通りにしよう、と思っているのではないでしょうか。それを、思い通りにしようと思わないで、気がつかないうちに、たくさんもらっている恵みが九九九項目あるのだ、ということに気がついたら、そのことに手を合わせて感謝したほうがいいようです。

それをやり始めると、神さまが味方につくみたいです。神さまが味方につくと、その一項目だけではなくて、一〇〇〇項目の恵みが、実は一五〇〇になり、二〇〇〇になり、二五〇〇、三〇〇〇になっていきます。

神さまは「喜ばれるとうれしい」からです。

ですから、悩み苦しみの問題を解決したいのであれば、神さまを味方につけることと。神さまを味方につけるということは、感謝をする、ということです。

感謝をすると、これをよこせ、あれをよこせ、ということにならないので、要求することがなくなってしまう、ということにも気がつく。そして、そのまま感謝だけをしていると、なぜかとんでもない現象が次から次へと降ってきます。

12

目の前の人やことを大事にすれば、それだけで人生は成り立つ

◆目の前の人を大事にする

あるラーメン屋さんが、一〇日前は一〇人のお客さんが来たけれど、五日前は五人になり、昨日は一人だったとします。今日はやっと一人来るかどうかだ、という状態のときに、たまたま一人のお客さんが入ってきた。もうあと五日後、一〇日後には店を閉めなくてはいけないような状況のときなので、この店の主人は気もそぞろ。いつ倒産してしまうだろう、と考えごとをしながらラーメンを出したときに、思わずラーメンに指が入ってしまった。

「親父《おやじ》さん、指が入っているよ」

とお客さんが言うと、その店の主人は虚空《こくう》を見ながら言いました。

「大丈夫です。熱くありませんから」

これは笑い話ですが、考えさせられます。

なぜお客さんが減っていったのだろう、五日後、一〇日後にはどうなってしまうのだろう、ということを考える必要はありません。減ってきたことを悔《く》やみ、未来を心配することに九九％のエネルギーがいってしまうから、美味しいラーメンを出すことができない。

それを考える暇があったら、今日来てくれた人に対して美味しいラーメンを出すほうが大事です。

今日来てくれた人に美味しいラーメンを出せば、明日は二人になるかもしれません。その二人に美味しいラーメンを出せば、翌日は四人になります。その次は八人になるかもしれないでしょう。

目の前の人を大事にし、目の前にあること、やるべきことを大事にしていく。それだけで実は人生は成り立っていきます。他のことを何も考える必要がない。どうしたら成功するかとか、どうしたらお金が儲《もう》かるか、ということを考える必要はない。そのことだけをやっていけば必ず、そのラーメン屋さんであればお客さんが増えていって、仕事として成り立つようになります。

いかに美味しいラーメンを目の前の人に食べてもらうか、だけを考えればよい。それを「**念を入れて生きる**」といいます。

◆刹那主義

今から二五〇〇年前、お釈迦《しゃか》さまは信者の人たちと共同合宿をしていました。あるとき、お釈迦さまが瞑想《めいそう》しているところへ、一人の弟子がやって来た。

「お師匠さま、お聞きしたいことがあるのですが、よろしいでしょうか」

「聞きたいことがあったら、何でも聞いてよい」というので、弟子は聞きました。

「お釈迦さまは神通力の持ち主なので、人の前世も来世もわかるのだそうですね。私の前世はいったい、何者だったのでしょうか」

するとお釈迦さまはこう答えたといいます。

「そんなことは考えなくていい。**今日、ただ今、この刹那《せつな》を大事にして生きなさい**」

その弟子は、しばらくじっと考えていて、次にこう言った。

「お釈迦さま、私の来世はどんなものでしょうか」

お釈迦さまは穏やかな微笑でこう言いました。

「そんなことは考えなくてよろしい。今日、ただ今、この刹那を大事にして生きなさい」

「刹那」というのは、「弾指《だんし》」といって親指と人さし指を鳴らす短い時間の中に、六五刹那が入っているそうです。一回の弾指が三分の一秒くらいでしょうか。ですから、それを六五で割るとだいたいの長さが出てくると思います。今日《こんにち》は今日《きょう》、「ただ今」というのはこの時間、今の時刻のことです。刹那は、辞書で「刹那主義」とひくと「今が良ければ、後はどうなってもいいと思うこと」という意味だと載っています。

ところが実は、刹那主義の最初の提唱者はお釈迦さまです。刹那主義とは、過去のことを悔やむ必要がない、未来のことも心配する必要がない。ただ、今この一瞬一瞬、つまり刹那刹那を大事にして生きることのみ、それだけを大事にして生きることなのだ、ということです。

その刹那刹那に、目の前にいる人を大事に思うことを、日本語で「せつない」と言う、と思ってみてはどうでしょう。「せつない」とは男性が女性を、女性が男性を想《おも》うことなのではなくて、人を思うこと。一人一人が、**今目の前にいる人が、私の人生においていちばん大事だと思うことが、「刹那主義」ということなのかもしれません。**

◆お釈迦さまの残した言葉

これがわかってくると、**自分の人生は自分で書いたものであって、過去のすべてを後悔する意味はない、それから未来のことについて、何も自分が心配する必要が**

ない、ということがわかります。そうすると後は、何にも考えずに生きていってもいいのですが、たった一つ、何か考えながら生きたい人は、一つだけ考えるのをおすすめします。

「今日ただ今、この刹那を、念を入れて生きる」

これだけを考えて生きていけばいい。

では念を入れて生きていけば、何の悩み苦しみも苦悩も煩悩もないのでしょうか。

お釈迦さまが言ったもう一つのことがあります。これは一般的な宗教論で言っているのではなくて、私が四〇年の研究の結果として把握したことです。

「五蘊皆空《ごうんかいくう》」

『般若心経《はんにゃしんぎょう》』に書かれている、この言葉の意味が本当にわかると、悩み苦しみをたくさん抱えてきた人が、まったく悩みがなくなります。

「五蘊」とは、重い軽い、暑い寒い、などの自分の「とらえ方」。

「空」とは、重さが八〇キロであるとか、気温が二五度であるという事実。

その「空」を心地よいとか心地悪いと決めることを「五蘊」といいます。五蘊は即《すなわ》ち空である、ということです。

「病気は不幸ではないのか」「事故は不幸ではないのか」といいますが、不幸ではありません。

病気をした人は必ずより優しくなります。事故を起こした人はより謙虚になります。そして、死ぬ人は寿命《じゅみょう》通りにしか死にません。

私の講演会に参加した方で九四歳のおばあさんがいました。その日私は、亡くなった後の世界について話をしました。講演会の後、そのおばあさんは私のところへやって来て、

「今日は本当に良い話を聞くことができました。ありがとうございます。これで心おきなく旅立つことができます」

と言って、家族と笑顔で帰っていかれました。その日の夜、亡くなられたそうです。

帰宅してから、部屋を掃除したりしながら、

「今日は良い話を聞いたから、とても気持ちがいい」

と言って寝室で休んだ。元気な方でしたが、翌朝、家族が見に行ったら亡くなっていたといいます。

最後の日の夜、私の話を聞いて亡くなった。それも自然死についての話を聞いた後でした。

それはどういうことかというと、この話を聞いてから死ぬ、というプログラムを書いていた、ということです。亡くなったのが、惜しいとかつらい、ということではなく、よくここまで人生を持ってくることができましたね、と考えることもできます。ものの考え方とはそういうことです。

すべての現象は、つらくて悲しくて苦しい、ととらえることもできますが、私たちは考え方の訓練として、これを喜びとしてとらえることもできる。

車がぶつかって、車が大破したけれども自分の体はかすり傷で済んだ、というときに、

「どうして車が大破して廃車になってしまうんだ」

という考え方と、

「自分の体の代わりに車が壊れてくれたのだ。ありがたい」

という考え方と、二通りあります。

13 幸も不幸も、勝ち負けも、成功失敗も、敵味方も、全部自分が決めている

◆幸せは自分の心が決める

二人の靴屋《くつや》さんの話があります。

二人の靴屋さんがある国へ行きました。その国の人たちは、すべての国民が靴を履いていなくて裸足だった。それを見たAさんが、こう言った。

「ダメだ、この国では靴が一足も売れない」

もう一人、Bさんは、同じ状態を見てこう言いました。

「この国には無限の市場が広がっている」

一年経って、二人はその隣の国へ行きました。その国の国民は、全員が靴を履い

ていた。Ａさんは、
「ダメだ、この国の人はみんな靴を履いているので、一足も売れない」
Ｂさんはこう言った。
「この国の人たちは一〇〇％、靴の良さを知っている」
現象がどうであっても、否定的にとりたい方は、そのようにとります。前向きに肯定的にとりたい方はそのようにとります。

だから前向きに、肯定的にとりなさい、という話ではありません。どういう生き方をするべきだという話ではなく、**自分にとって楽しく幸せに思えるほうのとらえ方を選べばいい**のです。

マイナスをプラスに置き換えればいいんですね、という人がいますが、実は私の言っていることは、正確にはそうではありません。

マイナスをプラスにとりなさい、と言っているのではなく、マイナス現象が宇宙には存在していない、と言っています。**宇宙現象は全部ゼロ。**

ある方がこう言いました。

郵 便 は が き

料金受取人払郵便

牛込局承認

9092

差出有効期限
令和7年6月
30日まで

1 6 2-8 7 9 0

東京都新宿区揚場町2-18
白宝ビル7F

フォレスト出版株式会社
愛読者カード係

フリガナ お名前	年齢　　　歳 性別（ 男・女 ）
ご住所　〒 ☎　（　　）　FAX　（　　）	
ご職業	役職
ご勤務先または学校名	
Eメールアドレス メールによる新刊案内をお送り致します。ご希望されない場合は空欄のままで結構です。	

フォレスト出版の情報はhttp://www.forestpub.co.jpまで!

フォレスト出版　愛読者カード

ご購読ありがとうございます。今後の出版物の資料とさせていただきますので、下記の設問にお答えください。ご協力をお願い申し上げます。

●ご購入図書名　「　　　　　　　　　　」

●お買い上げ書店名「　　　　　　　　　　」書店

●お買い求めの動機は?

1. 著者が好きだから　　2. タイトルが気に入って
3. 装丁がよかったから　　4. 人にすすめられて
5. 新聞・雑誌の広告で(掲載誌誌名　　　　　　　　)
6. その他(　　　　　　　　)

●ご購読されている新聞・雑誌・Webサイトは?

(　　　　　　　　　　)

●よく利用するSNSは?(複数回答可)

□Facebook　□Twitter　□LINE　□その他(　　　　)

●お読みになりたい著者、テーマ等を具体的にお聞かせください。

(　　　　　　　　　　)

●本書についてのご意見・ご感想をお聞かせください。

●ご意見・ご感想をWebサイト・広告等に掲載させていただいてもよろしいでしょうか?

□YES　□NO　□匿名であればYES

「私は結婚して二〇年くらい経ちますが、舅《しゅうと》姑《しゅうとめ》がこうで、夫や子どもがこうで、私自身の健康の問題もあって、七つの悩み苦しみを抱えています。こんなに悩み苦しみを抱えているのに、私は不幸ではないのですか」

私はこうお答えしました。

「一つ一つがゼロなのですから、不幸ではありません」

すると、この方はこう言いました。

「七つで足りなければ、あと二つ挙げることができます」

すると隣の人がこう言いました。

「私なんか二〇も持っているわよ」

格闘技のあわせ技ではないのですから（笑）、数が多ければいいということではありません。もともと一つ一つがゼロなのです。

不幸や悲劇、という現象が宇宙にあるのではなく、そう思う心があるだけ。全部自分が決めている。

「不幸という名の現象は存在していない。そう思う心があるだけ」

そしてそれは、宇宙の現象の半分だけを言っています。もう半分は、「幸福という名の現象も存在していない。そう思う心があるだけ」というものです。不幸や悲劇という名の現象は存在していない代わり、幸福という名の現象も宇宙に存在していません。幸せという名の存在物を、ここに持ってくることのできる人は誰もいないのです。

ダイヤモンドを持ってくることはできます。金も持ってくることはできます。一〇〇人が一〇〇人とも、指さして「これは金だ、ダイヤモンドだ」ということはできますが、では「幸せ」というものを持ってくることのできる人はいるでしょうか。

宇宙的な意味で、絶対的な価値を持つものとして、誰もが認める幸せという名の現象、物体は、今も過去も存在していないのです。

では、なぜ幸せという言葉が存在するのでしょうか。

幸せは、「私」にだけ存在するからです。

「私」が幸せだと思ったら幸せ。隣の人にとってそれが幸せなのではなく、全部

「私」がそれを決めるのです。

今、目の前にある現象が来たとする。この現象について私が、「あ、嫌なことだ、不快なことだ、イライラする」と思ったとします。思った瞬間にこれは嫌なこと、不快なことになります。では、「私」がそう思わなかったら、この現象はただ通り過ぎるだけのこと。

ある現象が次に来たとする。そのときに「私」が、「あ、楽しい」と思ったとします。その瞬間にこれは楽しいことになります。「楽しい」と思わなかったら、これはただ通り過ぎるだけのことです。つまり、**「私」が全部決めている、ということです。幸も不幸も、勝ちも負けも、成功も失敗も、敵や味方も、全部自分が決めている。**「私」がそう決めなければ、敵も味方も、成功も失敗も、勝ちも負けも、幸も不幸も全部宇宙には存在しないのです。全部ゼロ現象として存在している。

それをお釈迦さまは「五蘊皆空」と言ったらしい。

重いとか軽いとか、暑いとか寒いというように色づけをして、感想をつけて物事を評価したときに、その現象は実は全部「空」である、ということを後世の人々に伝えたかったらしい。この一言が伝われば、そしてこの意味がわかると、私たちは悩み苦しみから一〇〇％解放されるはずだった。

この物事のとらえ方を、三つの帝国の住人になぞらえることができます。

「物事が半分しかないじゃないか」と否定することを、非《あら》ずの心で「悲しい」と書きます。物事について「そうじゃないじゃないか」と非ずと否定する心が、悲しみ悲劇の元、ということを表しています。そればかりを言っている国に住んでいる人を、私は「非帝国《ひていこく》（否定国）の住人」と名づけました。

そして「うれしい、楽しい、幸せ」と物事を何でも好ましいほうにとらえる人を「好帝国《こうていこく》（肯定国）の住人」と言っています。

そして、コップに水が半分残っているのを見て、「何者かが半分も残してくださってありがたい」というようなとらえ方をする人、物事を何でも感謝の心で「ありがたい」という人。私は東京の深川の生まれなので、江戸弁でこれを「ありが帝国（ありがてぇ国）の住人」と名づけました。

非帝国の住人であってもかまわない。それが楽しくて心地よければそこにいていいのです。好帝国の住人でいるのが心地よければ「うれしい楽しい幸せ」と思って生きていけばよい。それから何でも「ありがたい」と思って生きていくのが心地よいのであれば、その心地よいところで自分が生きていけばよい、ということです。

私は一〇年ほど前までは好帝国の住人でしたが、今は「ありが帝国の住人」になりました。そして今では幸せな状態が一〇〇％を超えています。

◆「納得する」ということ

「ありがとう」という言葉を、心を込めずに二万五〇〇〇回ほど言っていると、突然に涙がこぼれてくる人がいる。短い人で一時間、長い人で三時間ほど泣き続ける。これはいろいろな人からの報告によるものです。

「ありがとう」をずっと言っていると、体の細胞が変わるらしい。そして、涙が流れた後に、また「ありがとう」を言おうとすると、今度は心の底から、万感の思いを込めた「ありがとう」しか出てこないということに気がつくそうです。

その「ありがとう」を万感の思いを込めて、さらに二万五〇〇〇回言っていると、合計五万回になります。五万回を過ぎた頃から突然に、自分の身の上に奇跡と思える、**自分にとって喜びと幸せとしか感じられない現象が次々に起きてくる**、という宇宙構造になっているようです。なぜそうなるのかはよくわかりません。

「ありがとう」を語源辞典で調べてみました。「ありがとう」とは「有り難し」からきていて、

「あり得ないことが起きた、その不思議・不可思議現象に対して、神様や仏様に対して、あり得ないことなので、感謝をする」

ということで、神・仏に対して使う言葉だったそうです。それが室町時代以降、人に対して使うようにもなった。「有り難し、有り難う」という言葉は、神・仏のなせるわざに対して言う、お礼の言葉だったそうです。ですから、その言葉をたくさん言っていると、神・仏がたくさんの現象を起こしてくれるらしいのです。

そういう事実を損得の心で実際にやってみることを「納得」といいます。「得を納める」の得は、人徳の「徳」ではなくて、損得勘定の「得」です。この損得勘定が本当に自分の心に納められた瞬間を「納得」といいます。これまでお話しした宇宙の法則・方程式を損得勘定でやってみて、それが体に染み渡って実感したときに「納得」することでしょう。

第3章

笑顔でいつづければ、人生は変わる

14

思うようにいかないことを淡々と受け入れながら、笑顔で生きていけるのが本当の強さ

◆勉強しない生徒にどう接するか

ある私塾の先生が、講演会後のお茶会に参加しました。その先生がこのような話をしました。

「高校受験の塾で生徒を六〇人教えています。そのうち三〇人は勉強するけれども、三〇人はまったく勉強しません。それで怒ったり怒鳴《どな》ったり、声を荒らげたりしてイライラしてしまっています。勉強しない子どもというのは勉強しなくていいのでしょうか。正観さんの本を読んでいると、『頑張れ』とか『努力しろ』ということを言わないほうがよい、と書いてあるので、自分としてはどうしてよいのかよくわ

かりません。合格率が下がると仕事としても成り立たなくなるので、結局合格率を高めなければいけない。でも生徒にいくら怒鳴っても半分は勉強しません。どうしたらよいのでしょう」

という内容でした。

その状況についての私の答えはこういうものでした。

生徒が勉強しないのは、その先生が好きではないからだと思います。なぜ好きではないかというと、先生が怒鳴ったり、怒ったり、声を荒らげたり、感情的でイライラしているから。だから好きになれなくて勉強せず、そのために先生はイライラして怒り、生徒は好きになれなくて勉強しない……その繰り返しです。

一言で言うと、その先生に必要なのは「人間力」だと思います。先生がとても魅力的だったら、生徒は勉強が好きか嫌いかではなくて勉強するでしょう。この学科が好きかどうかは子どもには関係ない。

◆「人間力」ある先生に

人間的な魅力があることを私は「人間力」と名付けました。

この塾の場合、生徒六〇人全員が高校の受験です。思い通りになって合格する生徒もいるでしょう。思い通りにならない生徒もいるでしょう。思い通りの学校に入る人は五〇%で、思い通りにならない人も五〇%かもしれない。いえ、もしかすると思い通りになる人は一〇%で、思い通りにならない人が九〇%かもしれません。

社会に出てみたときに、自分の周りが全部、思い通りになっていくという人は一%いるかどうかで、思い通りにならないことに直面している人のほうがずっと多いのではないでしょうか。

では、受験勉強を教える先生が、生徒に向かってこのように話したらどうなるでしょう。

「自分の思い通りにならないことが、人生にはたくさん待ち受けているんだよ。この学校を受験して、合格をしたいと思うのはいい。そこに向かって、自分なりにやれるだけのことをやっていい。でも、思い通りになるかどうかはわからない。思い通りにならなかったときに、いちいちめげる必要はない。落ち込まないでいいし、一喜一憂しなくていい。人間は思い通りにならなかったり、挫折《ざせつ》したり、つらいことがあったり、そういうこともたくさんあるのだから」

そのような、自分が思い通りにならなかったときの心構えを、授業だけでなく話してあげる先生だったら、生徒から慕われるのではないでしょうか。

合格したい学校を目指して勉強するのはいいと思います。それを夢や希望として一生懸命勉強するのはよいけれど、それが必ずしも思い通りになるとは限りません。でもそのときに、いちいち落ち込む必要はないのです。

人間には、優秀な学力や合格という以前に「優しさ」や「温かさ」「思いやり」など、とても大事な価値観があります。そういうものをたくさん持っている人は、社会の中でちゃんと生きていくことができるのだから、必ずしもいい学校に入っていい成績でいい会社に入って……ということがすべてではありません。

そういう心構えで、いちいちめげることなく、ただ淡々《たんたん》とニコニコと全部受け入れて生きていくこと。そして、自分の力で自分の人生を全部組み立てよう、というのではなく、**ありとあらゆることが全部、自分以外の人たちの力によって成り立っていることに気がつくこと。**

「人間は失敗がつきもので、思うようにいかないことのほうが多いだろう。そこでいかにニコニコと淡々と、それを受け入れながら笑顔で生きていけるか、ということが人間の力なんだよ。それが本当の強さというものだよ」

ということを、もしこの先生が教えてあげたとすると、生徒はこの先生を好きになるかもしれません。そのようなことを教えてくれる先生なら、卒業した生徒も、人生上の悩み苦しみがあったら、この先生のところに来るかもしれない。

そのほうが、本当は人間として魅力的なのではないでしょうか。

◆そこから先は神の領域

では、この先生を家庭に置き換えて考えてみましょう。

子どもに対して「頑張れ、頑張れ」「達成目標、努力目標を立てて、必死の思いで、人の五倍一〇倍努力して頑張るんだ。目標を必ず達成するんだ」と教え込む親は、子どもから好かれているかどうか。

小説家の三浦綾子《みうらあやこ》さんは、『氷点』や『塩狩峠』などの長編小説で有名ですが、とてもいいエッセイも残されています。私はこれまでに二万冊くらいの本を読みましたが、その中で「この言葉はすごい言葉だ」と思って書き留めた言葉がいくつかあります。そのうちの一つが、三浦綾子さんのこの言葉でした。

「そこから先は神の領域」（編註：正しくは「神の領分」）

三浦綾子さんは、プロテスタントのクリスチャンなので、「神の領域」という言葉を使っていますが、この言葉はすごいと思いました。

子どもが受験したい学校があり、そこに向かって勉強しているときに、「うん、自分で勉強したいだけ勉強していいよ。そうしてその学校を受験していい。でも、受かるかどうかはわからないよ。そこから先は神の領域だから」という考え方を教えてあげるのもいいと思います。

努力して頑張って必死の思いで、それを強い意志と努力で成し遂げられる人は一%あるかないか。ほとんどの状況では思い通りにならないことが九九%を、人生の中で占めるのです。そうしたら、九九%に対する心構えを、親が教えてあげてはどうでしょうか。

「頑張って必死になって努力して、思い通りのことを成し遂げる人間が強い子なんだ」

と教えるよりも、

「人生には思い通りにならないこともたくさんあるけれども、そのときに落ち込んだり嘆いて悲しんだり、自分はダメだと思う必要はないよ。それを淡々と、**自分の目の前の現象を受け入れて、笑顔で生きていく、ということが、人間の本当の強さというものみたいだよ**」

ということを親が子どもに教えたなら、この子どもは本当に強い子どもになって生きていけるのではないでしょうか。

本当に強いというのは、挫折をしても、失敗をしても、うちひしがれることがあっても、淡々とニコニコと生きていくこと。自分の思い通りにするのではなくて、目の前に起きた現象について「そういうこともあるよね」とニコニコしながら生きていくことが、本当に強い生き方なのかもしれません。

15

人の間で生きているから、甘え合って生きていい

◆周りに甘えてみる

二〇〇七年の五月、大分県久住《くじゅう》高原の赤川温泉に、二八人で三泊四日する機会がありました。ここに遠方から飛行機でやって来たご夫婦がいました。この二人が大分空港から湯布院《ゆふいん》までバスで来て、ここからどうやって行こうかと考えた。宿泊所は山の中で公共交通機関がなかったため、タクシーで一万八〇〇〇円くらいかけて来た、ということでした。

その話を聞いて、私は二人にこうお話ししました。

「優先順位を変えてみることをおすすめします。できる限り自分の力でやる、とい

う優先順位をまずやめてみましょう。そして、まず先に人に甘えてみてはどうですか」

実はその前日の夜、私は大分で講演がありました。翌日、そこから自分の車で三時間くらい走って、その宿まで行きましたが、私の車は他に乗っている人がいなくて空いていたのです。他の参加した方の中にも空いている車がありました。もし、誰かに連絡をすれば、乗せてきてくれたことでしょう。

何でも一人でやらなければ、という価値観を、私たちは今まで教えられてきたかもしれません。でも、甘えることを覚えると、人生はより楽しくなるかもしれません。

ただし、自分が人に対して甘えられるためには、自分の中にある大きなものを壊さなければならないという事情が生じてきます。それは、人を甘えさせないぞ、という価値観です。自分が甘えない人は、人をも甘えさせない。人を甘えさせない人は、自分も甘えることができません。

でも人間社会というのは、人の間で生きているものですから、甘え合って生きて

いいのではありませんか。

何でもかんでも自分でやるのではなくて、甘え合って生きる、というのを優先順位の上のほうに持っていくと、人生はずいぶん違うものになるでしょう。

できることは自分でやりなさい、ではなくて、周りの人ができることは周りの人にやってもらう。

「俺がやらなくて誰がやるんだ」とよく言います。でも、自分がやらなくても誰かがやってくれるのです。

◆親としてできることとは

私の長女は障害のある子どもです。この子が生まれたとき、私たち親が死んだ後に、この子はどうやって生きていくのだろうか、と、妻も私も心配をしました。この子を一人前に育てないといけないのではないか、この子が社会の中で一人で生きていけるように教育をしなければ、この子は生きていけないのではないか、と思ったのです。おそらく、すべての障害のある子どもの親はそう思うのでしょう。ところがよく考えてみると、世の中には行政が存在し、予算があって、専門的なノウハウを持った施設や人手もあります。親を亡くした障害のある子どもを、社会は一人では放り出したりはしないのです。親が生きていたときよりも、良い待遇の中で生きられる場合もある。

そう思ったら、自分がしっかり生きていなければ、とか、この子を必死の思いでちゃんと育てなければ、とか、自立させなければ、という考え方をやめてもいいのかもしれません。

親ができることは、この子を一生懸命抱きしめることだけ。

もしかすると、私たち親でなければこの子を幸せにしてあげられないんだ、と思いこんでいること自体が、実は驕《おご》り高ぶり自惚《うぬぼ》れ傲慢《ごうまん》なのかもしれません。なぜなら、両親がこの子に接している、その情報や知識というのは、私たちしか知らないものでしょう。私たちにとっては初めての子どもだから、手探りで生きているわけです。

ところが、行政の施設にはそういう子どもたちについて、何十年の間に、何千人もの情報やノウハウが積み重ねられています。その子どもに合った接し方、能力の伸ばし方などもあるはずです。それならば、専門家ができることは委《ゆだ》ねて、親は親として接していくだけで十分なのではないでしょうか。

この子を心を込めて抱きしめることが、親が子どもにできる一番のことかもしれません。

16 ストレスを感じないようにすれば、ストレス解消の必要もない

禅の勉強をしているという方にお会いしたことがあります。その方は、日常生活でストレスを感じるたびに、座禅をする場所へ行っている、ということでした。そしてお釈迦さまや仏教のことを勉強している、とのこと。

それは全然知らない人よりは奥へ入って、成長していると思います。でも本当にわかった人は、座禅に行かなくてもいいのです。目の前に起きたことを「まあ、そういうこともあるよね」というとらえ方ができるようになると、とても楽です。

「ストレスを感じたときに座禅を組んで、ストレスを感じないようにしているのですが、なかなかできません。いつもイライラして心の中にモヤモヤが残っていま

す」

と言うので、

「それは認識する心の問題ですから、**認識をしなければ、問題解決がいらない**ですよね。問題をどう解決するか、ではなくて問題認識をしなければ、いちばん楽ですよ」

というお話をしました。

職場や家庭で、「バカじゃないの」と言われたとします。そのときに、

「何を言うんだ、俺《おれ》だって一生懸命頑張っているんだ」

と思って主張していると、腹が立ってつらくなって、ストレスになりますが、

「そうなんですよね、どうしようもないバカなんですよね」

と言って、ニコニコ笑っていられたら、とても楽。全部受け入れて、問題認識をしなければよい、ということです。

座禅を組んで、ストレスを解消するのではなくて、ストレスを感じないような私の体質をつくってしまう。方向付けとしては感じなくなる、ということです。認識

をしない、という方向で物事を解決するということを覚えてしまうと、すごく楽です。問題認識をしないイコール、ボーッとしている。

現象が次々に起きてくることについて、あれこれ感想を言わずにボーッとしている人を「無敵」と言います。**誰とも闘わず、受け入れている人は「無敵」です。**敵を何百人倒したから無敵なのではなくて、敵が無いことをいいます。

本当に人格が上がってくるというのは、その事故やトラブルなどの問題を問題と認識しなくなること。いちばん楽な処理の方法は、処理をしないということです。

一喜一憂をしたり、良い悪いを決めるよりも、**いろんな現象を面白がって喜んでいくほうが、人生は得なようです。**

17 楽しそうにしていると、周りに伝わっていく

◆思いが製品に伝わる

私の知り合いで、発酵《はっこう》製品を健康食品としてつくっている会社の社長さんがいます。五〇人くらいの従業員が工場にいますが、製品をつくっているときに、「今日はなんだかうまく発酵していないね」という日があるのだそうです。そういうときは生産ラインをストップして、五〇人を集めて、このように聞いてみると言います。

「今朝、出かけてくるときに、夫婦喧嘩《げんか》をした人はいませんか」

そうすると、一人か二人、必ず夫婦喧嘩をしてきた人がいるそうです。夫婦喧嘩をした人が、この製品づくりに従事していると、この製品（食品）が全然違うもの

になるというのです。人の健康を祈るような物質にならないらしい。それで、社員は夫婦喧嘩をしないように、と会社ではお願いしているのだとか。

水は、人間の体の中で七〇%を占めています。この水を飲むときも、「この水は水道水だから飲めるわけがないじゃないか」と、自分の体の一部を成してくださっている物質に言うと、その結果として、体の中でそのように反応しています。

また、今は環境問題について、よく論議されています。「今、空気が悪いよね。世の中が悪いよね。世の中がこれでは、あと五〇年持たないのではないか」

実はこのように言うことによって、この空気、酸素と窒素と水蒸気とかが、どんどん悪くなる可能性があります。でも、

「なぜかわからないけれど、こんなに排気ガスが空気中に排出されているにもかかわらず、ちゃんと私たちを生かしてくれて、水もちゃんと飲むことができているよね。**本当に私の体を構成してくださっているすべてのものが、ありがたくて、あり**

がたくて仕方がないよね」

と言った瞬間に、言われたものたちは、ものすごく元気になって、この人の体を支えるようになるかもしれません。

ですから、私たちの体というのは、人間の体だけが特別なものではなくて、実は植物も、動物も、鉱物も、全部地球の内部から立ち上がってきたものを、それぞれの形にしたものである。とするならば、全部同じもので、ただ言語を持っているか持っていないかだけの違いです。

◆共鳴する関係

ここに楽器の調律に使う、音叉《おんさ》というものがあります。同じ大きさの音叉を二本持ってきて、一本をポンと叩くと、ビィーンと唸《うな》っているのですが、その叩いたほうを、手でピッと止めると、当然、音はやみます。音がやんでも、耳をすましているとビィーンと音が聞こえてくる。叩いたほうの音叉ではなく、実は並んでいるもう一つの音叉が唸っているのです。

これを共鳴共振といいます。同じ素材、同じ重さでできているので、叩いて同じ振動で震えるものは、一つが鳴れば、もう一つも共鳴するのです。

隣の人が笑っているとします。そうすると、笑っている人の影響を受けて、隣の人も笑いたくなります。**隣の人が楽しそうに思っていると、そばにいる人にも、その楽しい共鳴共振が伝わる。**

反対に自分が不機嫌だと、隣の人も不機嫌になる、ということです。にこやかにしている人と不機嫌な人では、どちらがより強く共鳴共振の力を持っているでしょうか。

◆光と闇の力関係

面白いことに、光と闇というのは、五〇対五〇だと思われがちです。でも実は、光と闇は五〇対五〇の力ではありません。

なぜならば、闇のほうに闘う力はないからです。**光が闇の中に入っていくと、一〇〇%光になります。**光が闇の中から出ていくと、闇になります。光がいなくなったときだけ、闇は闇を主張できる。闇という独立した存在はなくて、光が無いときを闇と呼びます。光があるときは完全に光。

ですから、目の前に、病気であったり、つらい思いをしている人がいて、その人が不機嫌だと、自分までも不機嫌になるという場合もありますが、実は、**闇と光では、圧倒的に光のほうが強い。**闇はゼロ、光は一〇〇です。にこやかで楽しく幸せそうに生きている人と、不機嫌に生きている人が家の中に同居している場合は、にこやかな光のほうが広がっていくことでしょう。

18 笑顔でいれば、体型も若さを保ち、周りの受けもよい

◆笑顔がつくる体型

若々しい体型を維持したい方へのちょっとした提案です。日頃から自分の意志で口元を上げる、という訓練をしておくとよいと思います。

口角（口元の両端）から指三本分のところに笑顔のツボがあります。これはえくぼのできるところで、このツボと目尻《めじり》を吊《つ》っている四、五センチくらいの筋肉が顔にはあるのです。この筋肉を頻繁に使う訓練をすると、つまり笑顔でいるようにすると、ずっと上げていることができますが、使っていないと口が「への字」になりやすくなります。四〇歳を過ぎると重力に耐えかねて落ちてきてしまうのです。

そして実は、口元を吊っている頬筋《きょうきん》と、胸を吊っている筋肉の組成構造が一緒。口元の位置と胸の位置は連動しているので、表情が体型まで形づくっている可能性があります。

この話は女性にとっては重要なポイントですが、実は、男性にも同じことが言えます。

この頬筋は、内臓を支えている筋肉とも連動しています。ですから、男性の場合は口元を「への字」にしていると、内臓筋が緩んでくるようです。その結果として、体内の臓器が下腹に集まってくる。その状態をお腹が出ている、と言います。

でも、使えば使うほど筋肉は発達して、ちゃんと働いてくれます。この話を知ったときから、毎日自分の意志で口元を上げる＝笑顔でいるという訓練をすると、筋肉が弾力を持って発達します。いつも笑顔でいることは若々しい表情だけでなく、体型の維持にも大いに役立つかもしれません。

◆美味しい豆腐屋さん

以前、二〇人くらいで一泊二日の旅行をしたときのことです。山の麓《ふもと》の一〇軒くらい宿のある温泉街に泊まったのですが、そこに豆腐屋さんが二軒ありました。

旅行した人たちのうち何人かは、朝五時くらいに早起きをして、その町を散策したそうです。朝五時に起きているのはその豆腐屋さん二軒だけでした。どちらも山の湧《わ》き水の冷たくて美味しい水を使って豆腐をつくっていました。

その一方のお店の奥さんがとてもニコニコしていて、もう一方のお店の奥さんはとても不機嫌だったそうです。どちらに入ろうか考えて、皆その愛想のよい奥さんのいるお店で豆腐を買ったということでした。その話をしながら、買ってきた豆腐を朝食で出してくれて、私も一緒に美味しくいただきました。

そして朝の九時半頃に、泊まった温泉街から車で出発したのですが、その町の入り口付近に、例の豆腐屋さんが二軒ありました。皆が買ったほうの豆腐屋さんには、

「ありがとうございます。本日の分は全部売り切れました」

という看板がかかって、既に閉まっていました。

もう一軒の不機嫌な奥さんのいるお店は、まだ開いている状態で、豆腐もだいぶ残っているようでした。

同じ水を使い、同じ材料を使って同じようにつくっていても、怖い顔をしている
ところと、にこやかなところでは、売れ行きが違ってくるようなのです。

19 体が痛い人は、笑ったほうが得らしい

講演会でよくこの話をしますが、講演会に参加する方のうち一〇〇人に一人くらい、一度も笑わない人がいます。そのまま不機嫌な状態で帰るかと思うのですが、笑わない人に限って講演会の後、必ずといってよいほど質問に来られます。

「神経痛、またはリウマチで二〇年、ずっと痛みが取れずに苦しんでいる」

そういう相談です。

私がこれまでに発見した、人間や人間社会に存在する共通性、共通項を「宇宙の法則」としてお話ししていますが、この法則でいうと、

「笑わない人が痛い」

という因果関係があるようです。「**笑い**」**というのは宇宙の現象（目の前の現象）に対する肯定**なので、その肯定をしない人は体が痛くなるようです。

にっこり笑ったり、喜んだり、言葉で「幸せだなあ」「うれしいなあ、楽しいなあ」と言ったりすると、脳の中にはβ《ベータ》エンドルフィンという名前の物質が分泌されます。

βエンドルフィンには三つの作用があり、一つ目は、免疫力の強化。

二つ目は、血液をサラサラにする作用。そして、その結果として血圧を下げる。

高血圧の人は耳でドキンドキンと心臓の音が聞こえるそうです。体全体の血圧の強さが耳で感じられるというのです。それが、あっという間に引いていって音がしなくなる場合がある。血圧が下がった、ということです。

三つ目。痛みを感じなくなる。βエンドルフィンが脳内で分泌されると、脳の痛み中枢に直接働きかけをして、痛み中枢を麻痺《まひ》させてしまいます。それで痛みを感じなくなる、というわけです（脳内モルヒネとも呼ばれます）。

ですから**損得勘定として、痛い人は笑ったほうがいい**ようです。

実際に「ありがとう」「感謝」「幸せ」という言葉をずっと言っていくと、末期がんの患者さんで今まで痛がっていた方の痛みが無くなった、という例が一〇〇例を超えて届いています。

その話をたまたま聞いた方が、寝たきりのおじいさん、おばあさんにこの話をしたそうです。

「『ありがとう』と言っていると痛みが無くなるみたいだよ」

その死期の近いおじいさん、おばあさんが「ありがとう」と笑顔で言っていたら、痛みが無くなったというのです。痛がらずに亡くなり、亡くなった後も顔がピンク色で体温が下がっていかず、八時間くらい温かかったといいます。そして仏様のように穏やかな顔になるのだそうです。

このように体の痛みも、血液の問題も免疫力の問題も合わせて考えると、「笑い」と「健康」は連動しているのかもしれません。

20

すべての存在が全部自分の味方だと思った瞬間から、世界は一変する

◆この世に生命をもらった意味

ドイツの文豪ゲーテは、詩人、作家であると同時に科学者でもあり、哲学者、政治家でもありました。そのゲーテがこんな言葉を残しています。

「人間の最大の罪は、不機嫌である」

人間の最大の罪は、人を殺すことであるとか、物を盗むことであるとか、裏切ることであるとか、優しさに欠けていることであるとは言わなかったのです。不機嫌は一人や二人に影響を及ぼすのではなく、その人が接するすべての人を不機嫌にす

る、不愉快をふり撒《ま》いて歩いている、と言いました。

ゲーテは、人が何のためにこの世に肉体、生命をもらったか、ということに気づいていたようです。「人間がこの世に生命肉体をもらったことの意味は、喜ばれる存在になること。その存在感を全うして死んでいくこと」だということを、ゲーテは把握していたのではないでしょうか。だから、不機嫌であることが最大の罪であると言った。

皆さんは、隣の人に対して家族に対して、同じ職場の人に対して、自分一人が不機嫌であっても、大した影響は与えていないと思うかもしれません。けれども、それは不機嫌という名の音叉をビィーンと撒き散らしているのです。

でも、その**不機嫌のビィーンという音叉の波動は、明るく楽しく幸せに笑っている波動のほうにかき消されてしまいます。**

◆ありがとうと心配性

私の話を聞いて、なぜか、三カ月の寿命と言われていた人が、がん細胞がゼロになって、治ってしまって元気になる人がいます。ここ一〇年の間に何十人かの人が、三カ月、四カ月の命、といわれていたのにがん細胞がゼロになった。そこに共通していたのは、その方たちががんになってから「ありがとう」と感謝をしながら過ごせるようになったことでした。

ところが、本人が「ありがとう」とずっと言って、穏やかに過ごしていたにもかかわらず、余命三カ月のまま、亡くなっていった人もいます。自分で「ありがとう」をたくさん言っていたのに、なぜ助からなかったのだろうか、というのが私の中で疑問でした。そして、ある共通項に気がつきました。

自分が「ありがとう」とたくさん言ったにもかかわらず、その人が、医師に言われた通り数カ月の命で亡くなっていった人たちの共通項は、家族にとても心配性の人がいたということでした。口にする言葉が、全部否定する言葉ばかりなのです。

「そうは言っても、悪くなったらどうするの」

「そうは言っても、この食べ物がいけないでしょう」

何でもダメダメ、そしてもっと体が悪くなったらどうするの、と心配しながら、いろんな治療をしましょう、抗がん剤も放射線治療もやりましょう、と。

本人は、それで体力をどんどん消耗《しょうもう》していく可能性があります。美味しいものを食べてニコニコしようね、という方向ならば、元気になる可能性がありますが、「心配だ、心配だ」「今これをやらなければ死んじゃうんだから」と絶えず言い聞かされると、元気がなくなってしまいます。

結局、周りの人、家族が心配性でどんどん否定的な言葉を浴びせかけていると、本人が「ありがとう」と言ってニコニコと穏やかにしていても、体がめげてくるようです。共鳴共振によって、そちらの影響力が大きい場合もある。家族四人のうち三人が心配性で、否定的なことばかり言っていると、三対一では負けてしまうのかもしれません。

逆に、本人が一回も「ありがとう」を言わないのに治った例もあります。

集中治療室で三カ月間、お母さんに聞こえる声で、ずっと「ありがとう」といい続けた姉妹がいます。すると、三カ月後にお母さんがパッチリ目を開けて、「ああ、よく寝た」と言ったそうです。看護師さんに知らせたところ、「意識がなかったのに」とびっくりして飛んできた。そして、改めて検査をしたら、なんとがん細胞が消滅していた、というのです。本人は意識不明でしたから、一度も「ありがとう」を言っていないのですが、そういう例もありました。

◆すべては同じ仲間

がん細胞も、私たちの体の中の一部のものです。その体は全部、宇宙に存在する塵《ちり》やガスの塊である地球から、生じてきています。体の中にできたものも全部、体の組成物質の一部だとするならば、やはり宇宙の一部であるわけです。この宇宙全部を味方にし、宇宙全部に感謝をする、ということを「受け入れる」といいます。

実は、宇宙と自分が別物ではないのだ、と思ったところから、宇宙が味方を始め

ます。

すべての存在に感謝をする、自分はその感謝をしている中の一部として、存在させてもらっている、ということです。私たちは宇宙と切り離されて、ただ一人で生きているのではありません。どんなにすごい人であっても、この宇宙の組成構造物質の中の一部なのです。

そうしたら、私が一人すごい人になるぞ、と決意をするよりも、私以外の組成構造物質を共有しているすべての人、すべての存在が全部味方であり、さらに植物も鉱物もコップも茶碗《ちゃわん》も**全部自分の味方なのだ、と思った瞬間から、世界は一変するのではないでしょうか。**

私だけがすごい人になるぞ、と力むのではなく、私はみんなの中の一部として生きているのだから、みんなが幸せになってくれたらうれしい、というスイッチに切り替える。周りの人が全部、喜びと幸せの周波数、波動になってしまったら、その中で、「幸せ」音叉に囲まれることになります。

この「幸せ」という振動の中にいたならば、自分自身も、ものすごい勢いで響き始めることでしょう。幸せの音叉の中で。

自分が一人で音叉をビィーンと鳴らすだけでなく、周りの人たちにも幸せ音叉になってもらうのです。それは、自分が常日頃、共に過ごしている家族や職場の人たちに喜ばれるように生きること。

そうして、その幸せな人たちに囲まれたら、自分も元気に楽しく幸せに生きられることでしょう。そのように**自分が投げかけたことの結果として、いちばん幸せを味わうのは自分自身でもある**のです。

第4章

全部に感謝をすれば、全部が変わる

21

神さまに好かれていない人はいない

◆偶然ではない

人間の気分には、浮き沈みがあります。気分が沈んだときに、自分で元気を回復できる方法があります。それは、自分でつくっておいたある資料を見ること。その資料のつくり方をお教えしましょう。

まずノートを買ってきます。そのノートに偶然だけど面白い、と思った出来事を書き留めておくのです。世の中にはいろいろな偶然がありますが、他人にどう評価されるか、ということは考えず、ただ自分が「面白いなあ」と思ったことを書いていきます。

たとえば、以前こんなことがありました。高速道路を走っていたときに、私たちの乗っている車を追い越して、前に入った車があった。運転していた男性が、

「正観さん、前の車のナンバープレートを見てみてください」

というので、見ると「12－59」と書いてありました。そしてちょうどそのとき、時計が一二時五九分を指していたのでした。こういう、ちょっと面白いと思ったことを書いていくのです。

そうして落ち込んだり、人に何か言われたり、自己嫌悪で落ち込んだときに、そのノートを見てみます。

それがだいたい一〇〇件を超えた頃に、次のような結論になるでしょう。

「ああ、私はどうも、神さまに好かれているみたいだ」

一〇〇件を超えると、偶然ではないのだな、というふうに思えるようになります。五件、六件ではなかなかそうは思えないかもしれませんが、一〇〇件ともなると、ものすごく自分が恵まれていること、そして恵んでくださっている方がいるのではないか、ということに気がつきます。

◆みんな好かれている

この話をある講演会でしていたら、終わってから質問に来た方がありました。

「神さまに好かれていない人、っているのですか」

これは、とてもいい質問です。

実は、**神さまに好かれていない人はいません。**神さまに愛された人だけが、肉体をもらって、この世に生まれ出ることができました。

肉体を持って人間に生まれたい、と思っている魂が、地球の上空に八〇〇億くらいいるのです。そのうちの一〇%にも満たない数の魂が、この世に肉体をもらって生まれてくることを許されています。それだけでも特別なこと。

ですから、人生について不平・不満、愚痴、泣き言、悪口、文句を言っている人がいると、上空のほうでは、

「そんなもったいないことなら、替わってほしいなあ」

と言っているかもしれません。

私たちは皆、神さまに愛されているにもかかわらず、それがわからない。それは、ものの見方の未熟さでもあります。ついつい愚痴や文句を言ってしまったりする。

海は島と島とを隔てている、という考え方があります。けれども、島と島とを結んでいる海でもあるわけです。島と島との間には五〇〇〇メートルの深い海溝があるかもしれません。もしも海がなかったら、一度五〇〇〇メートル下まで降りて、それからまた登らなければならないでしょう。

海があるおかげで、島と島とをつないでくれている、という考え方もできます。ですから、海が迷惑な存在になるか、ありがたい存在になるのかは、とらえ方の問題だけ。

では、地球上のすべての人が神さまに好かれているならば、わざわざノートに書いて自覚する、という話はあまり意味がないのではないか、と思う方もあるでしょう。いいえ、ちゃんと意味があります。

なぜかというと、私たちが生まれてから死ぬまで、「自分は神さまに好かれているのだ」ということを教えられたり、実感できる人はそう多くありません。ですから、こういう話を読んで、実践してみてわかる人というのは、とても恵まれているのです。

22

一〇万回の生まれ変わりで、「感謝」に向かう

◆とらえ方の向上が魂の成長

一般的につらい、悲しいと思われる出来事も、見方を変えれば優しさを取り戻すための病気であり、謙虚さを取り戻すための事故だった、ということにもなります。ですが、今、何事も起きていない段階で、優しさや謙虚さを取り戻した人は、病気や事故の必要がなくなるようです。

物事のとらえ方には五段階があります。

目の前の現象に対して、不平・不満、愚痴、泣き言、悪口、文句（これを私は「五戒《ごかい》」といいます）を言わなくなる。これが第一段階。このときにはまだ、我慢を

している、という概念が入っていますが、五戒を言う必要がなくなってくると、第二段階。このゼロの状態に「うれしいよね」と喜びが上乗せされるようになると第三段階。「幸せだよね」と思うようになると第四段階です。

そして、同じ現象に対して「本当にありがたい」と手を合わせるようになるのが、第五段階です。

◆生まれ変わる意味とは

私がつかんだ宇宙法則の一つに「**輪廻転生**《りんねてんしょう》**、生まれ変わりが存在する**」というものがあります。魂は、魂だけのときに、成長することはできません。肉体を有しているときだけ、肉体上の体験を通して、成長・進化することができます。

生まれ変わる目的は、いかに自分が成長するか。そして成長とは、自分の物事の見方・とらえ方が進歩すること。そのために私たちは、人間として一〇万回は生まれ変わりが必要で、その一〇万回にも段階があるようです。

初めの三万回くらいまでは、何があってもつらい、悲しい、つまらない、というふうにとらえる人生。誰が見ても大変恵まれている環境、両親も人格者で、経済的にも豊かで、容姿もよい、という状況を与えられます。その環境にありながら「つらい、悲しい、つまらない、嫌だ、疲れた」という言葉を使いながら、世の中の現象や、自分の人生をそのようにとらえていく、というのが初期の段階です。

そして次に、一般的には普通の状態の中で、つらい、悲しい、つまらない、と言い続ける段階があります。誰が見ても、つらくて悲しくて大変そう、という状況の中で、五戒を言い続けます。

六万回までは、物事を普通で当たり前、と、とらえる人生です。

まず、誰から見ても裕福で恵まれている状態を「普通だよね、当たり前だよね」と、とらえるレベル。次に普通の状態を、普通で当たり前のことと、感じるレベル。誰が見てもつらくて大変そうな状況にありながら、「これが普通で当たり前だよね」と言うようになるレベルです。

九万回までは、「うれしい、楽しい、幸せ」と、とらえるようになります。

まず、裕福で恵まれている環境の中で「うれしい、楽しい、幸せ」と言うようになる人生。次に普通の状態を「うれしい、楽しい、幸せ」と言えるようになる段階。そして、誰が見ても恵まれていなくて、いろいろ問題がある、大変だ、と思われる状況を「うれしい、楽しい、幸せ」と、とらえられるようになったら、これは九万回のレベルです。

◆感謝の領域へ

九万回を超えたところから、残り一万回の中に入ってくる感情、現象のとらえ方は「感謝」。物事を感謝でとらえるようになります。

誰が見ても、恵まれている状態を感謝の目で、「ありがたい」と、とらえている段階。次に誰から見ても普通の状況を「ありがたい」と、言うようになる段階になります。

そして、誰が見ても不幸で、大変そうな状態を「感謝」の目でとらえている人は、ほとんど最終段階まで来ています。体に重い障害がありながら、ニコニコして、どれほど自分がラッキーでツイているか、とても幸せだ、と言っているような人です。

最後の最後には「感謝」なのです。

◆幼い子どもが亡くなる意味

段階が進んで、神の一歩手前ぐらいのレベルになると、七〇年、八〇年と生きて肉体を持って修行する必要がなくなります。そうなると、今度は早世《そうせい》する子ども、という役割を担って生まれ変わるらしい。悲しみを与える、という意味で親よりも早く、五歳、一〇歳、一五歳、二〇歳という若さで亡くなっていくようなのです。

過去一〇年の間に、三〇〇人くらいの母親が現れて話をされました。

「子どもを三歳、五歳（あるいは一〇歳、一五歳）で亡くした。とにかく忘れられなくてつらい」

三〇〇人がみんな、それを長い間思って泣いているのでした。その三〇〇人全員に対して、私は同じ質問を三つしました。

1. 自分たちの子どもとはとても思えないほどに、とても容姿の良い、可愛い子どもではありませんでしたか。

2. 自分たちの子どもとはとても思えないほどに、とても頭の良い利発な子どもではありませんでしたか。

3. 自分たちの子どもとはとても思えないほどに、性格が良く、周りの誰からも愛される子どもではありませんでしたか。

三〇〇人全員が同じ答えをしました。

「本当にそういう素晴らしい子どもでした。だから忘れられなくて、つらくて仕方がないのです」

実は、親の生まれ変わりのレベル(回数)が高くなってきたときに、人間としていちばん悲しい、可愛い盛りの子どもに死なれる、という最大の悲しみを与えられるようなのです。その子は神に近い子どもなので、同じ遺伝子を持っているのに、その親に似ていない。見た目が良くて、頭が良くて、性格も良いという三拍子が揃《そろ》っているのです。その神の一歩手前の子どもが、三歳、五歳あるいは一五歳で死んでしまった、というとらえ方ではなく、三年もお付き合いしてくれた、わが家に五年、一〇年もいてくれた、というとらえ方をすると、ものすごくありがたい、ということに気がつくでしょう。

残された親は、魂レベルがかなりのところまできているので、その**「最大の悲しみ」を乗り越えて笑顔になる、**というテーマを自分で設定してきました。その魂の生まれ変わりのレベルを、宇宙の構造論としてわかると、納得できて泣かなくなるかもしれません。

もし友人、知人で幼くして子どもを亡くして、いつまでもそれを引きずっている人がいたら、今の話をしてあげてください。その悲しみを乗り越えた人には、たくさんの人が相談を持ち込んでくるでしょう。

23

全部に感謝をすると、宇宙や世の中が完全に変わる

◆今生ですべてを味わっている

この世における私たちの魂の成長は、目の前の現象をどうとらえるか、ということです。初期の頃には、物事を不平・不満、愚痴、泣き言、悪口、文句でとらえている段階があります。

やがて同じ現象を当たり前ととらえたり、幸せととらえるようになる。そして今の人生、たとえば四〇歳で私のこの話を初めて聞いたという人は、四〇年という今日までの歴史の中で、すでにそれを全部味わってきています。

不平・不満、愚痴、泣き言を言ってきたのは、その魂の経験を全部やっていた、

ということ。赤ん坊が生物としての何億年の歴史を一〇カ月の中で姿を変えて表していくように、人間の魂もそれまでの魂の履歴《りれき》を、四〇歳の今日まで全部経験してきています。

生まれ変わりの回数を重ねるごとに、親との関係が悪く育ってくるとか、経済的につらい思いをしたことがあるとか、障害を持って生まれてくる、または家族に障害を持った子どもが生まれてくる、というような状況が与えられてきます。一般的にいう問題、いろいろ面倒なことをたくさん与えられている。それを笑顔で、感謝の目でとらえられるかどうか、のレベルまできているということです。

◆全部感謝を

九州の阿蘇《あそ》に「風の丘　阿蘇　大野勝彦美術館」があります。大野勝彦さんという方は農業をやっていましたが、四五歳のとき、仕事中に牧場の草刈り機に手をはさまれて、両手を失ってしまった。失意の底から、義手に絵筆を持ち始め、独学で絵を描くようになったそうです。その作品が非常に美しい、というので多くのファンがいます。

私たちの仲間が、たまたま美術館に入った際に、大野さんのお話を三〇分ほど聴く機会がありました。そのときに「自分はいろんなことにあれこれ文句を言っていたけれど、手が無くなったことで本当に感謝の意味がわかるようになった」というお話をされました。非常に明るくてさわやかな方でした。私の名前も「あちこちでよく聞きますよ」ということで、名刺交換させていただきました。

自分の仕事がうまくいかない、恋愛関係や人間関係がうまくいかない、といっている人は、全部キーワードは一つ。

「感謝が足りない」のです。**全部に感謝をしてしまうと、宇宙や世の中が完全に変わります。**でも、変えようと思って一生懸命やっているというのは、「今の状況が気に入らないぞ」ということなので、状況は変わりません。

相手を変える、状況を変えるのではなくて、自分が変わる。相手が悪いとか、状況が悪いという評価を全部やめてみると、自分がイライラして、心の中に眠っている超能力が使えないだけだ、ということに気がつくでしょう。
全部、自分の側に解決策があることになります。

24

「楽しくて幸せな人生だったな」と、感謝できるかどうかが、人生のテーマ

◆義務とは生まれ変わること

四〇年、いろいろな社会現象や人間観察をしてきて、人間にはたった一つの義務とたった一つの権利だけが神から与えられているようだ、という結論に至りました。

たった一つの義務とは、輪廻転生です。「輪廻転生」という言葉を辞書で引くと、「生まれ変わること」と書いてありますが、「輪廻転生」とは、「生まれ変わらなければいけない」こと。私たちは、生まれ変わることが義務なのです。これが神によって唯一定められた私たちの義務。そして、この世に生まれてきたことは、今生が初めてではありません。本人の意志には関係なく、人間として生まれ変わりをす

ることになっています。

一〇万回人間として生まれ変わると、人間の肉体を持たないで生まれ変わり、神の最下級生である守護霊というものになるようです。今、私たちには守護霊が一体ずつついていますが、自分が今度はその立場になります。

そして、生まれ変わって、平均寿命が日本人の場合約八〇年ですが、その八〇年の間に何をするのでしょうか。

私たちの目の前には、いろんなことが起きます。その目の前の現象に対して、どんなことが起きても、それを「つらい、悲しい、つまらない、不平・不満、愚痴、泣き言、悪口、文句」という形でとらえるのではなく、**最終的に棺桶《かんおけ》に横になったときに、「ああ、いい人生だったな。楽しくて幸せな人生だった」と感謝で死ねるかどうか**。これが一回ごとの人生のテーマです。

そして、それがクリアできると、次にもう一回生まれ変わるときに、そのトッピングの内容がきつくなります。前回の人生よりも、厳しい条件を増やすのです。

一万回の生まれ変わりの人と、五万回の生まれ変わりの人、九万回の生まれ変わりの人では、そのトッピングの質が全然違ってきます。自分の目の前にどのような現象を起こすか、を決めたのは全部自分。生まれる前に、トッピングの内容を決めてきたのです。

◆問題のない人はいない

人生で起きるいろいろな現象に、良いことや悪いことはありません。そのとらえ方の訓練を、私たちは生まれ変わりの回数を重ねるにしたがってやっています。

生まれ変わりの初期の頃は、何をやってもうまくいくような状況で生まれてきます。両親が揃って人格者であり、兄弟もとても優しい人で、周りは皆いい人で……というように、楽しくて幸せな状況です。それにもかかわらず、口から出てくる言葉が不平・不満、愚痴、泣き言、悪口、文句、で一生を終えるのが、人間としての初期のレベルです。人格レベルと、生まれ変わりがいちばん少ない段階です。

そして、いちばん上のレベル、生まれ変わりが九万回を超えるレベルになると、誰が見ても恵まれていない状況になります。たとえば、親が若いうちに離婚したり、結婚した相手が借金をつくって急に失踪《しっそう》してしまい、自分がその借金を返さなければいけない、というようなことなどです。

そこで愚痴や泣き言を言わないで、そのこと自体が、実はうれしくて楽しくて幸せでありがたいことだったのですよね、と言えるようになるレベルが最終段階。

全部自分が生まれる前にトッピングをしたものだから、三次元的にものすごく恵まれている人が生まれ変わりが多いのではなく、いろんなハードな条件をたくさん与えられれば与えられるほど、成長していることになります。

ですから、問題のない人はいません。八万回の人は八万回なりの問題があります。例えていうなら、八万回の人は背中に八〇キロの荷物を背負って山道を登っていく、と思ってください。八万五〇〇〇回の人は八五キロの荷物、九万四〇〇〇回の人は九四キロの荷物です。それなりに人生が重たくなります。

それは大変だ、と思う方もあるでしょう。逆にいうと、そのときまでに、一回の人生ごとに、**不幸や悲劇は存在しない、そう思う心があるだけだ、という心をつく**

り上げて生を全うする、ということです。だから心のとらえ方の問題を早く確立しておくと楽になります。

そうして歩いていきながら周りを見ると、同じように九四キロ、九五キロの荷物を背負っている人がいるでしょう。私たちは皆、同じように共に歩いています。

25 感謝という眼鏡で見れば、全部が感謝の対象になる

◆感謝すればうれしく、楽しい

一つの義務ということについてお話ししましたが、一つの権利についても、お話ししておかなければなりません。実はこの義務と権利が人間には一つずつあって、このたった一つの義務とたった一つの権利というものを、人類が後世の時代の人に伝えることができたら、世の中が少し変わるかもしれません。もしこれを面白いと思ったら、それを自分の友人や子どもに伝えていくと、それはまさに、二一世紀を通り越して、二三世紀への伝言になるかもしれません。

地球上には何億種類の生物が存在しています。その何億もの生命の種類の中で、

「感謝」という概念を使いこなすことのできる生物が人間です。

感謝をしてもいいよ、という権利であって、感謝は義務ではありません。

その権利を与えられた私たちは、ありとあらゆる現象を「感謝メガネ」という眼鏡を通して見てみると、人生が全部、うれしく楽しいものになってしまいます。だから「感謝」は義務ではなく権利なのです。

そして、ヒトが感謝をした瞬間に「ヒト＋感謝＝人間」になります。「人間」とは、社会の中で自分一人だけで生きているのではありません。「ありがとう。みなさんのおかげです」と言って生きるのを「人間」といいます。人に対してだけではなくて、目の前にあるコップに対しても水に対しても、何に対しても感謝をすることができるのです。

しかもこの感謝はしなくてはいけないのではなくて、「感謝」という概念を使いこなしてもいいよ、というもの。

そうすると人生がものすごく楽しくて幸せになります。

人生でいろいろあったけれど、それも感謝という眼鏡を通してみたら全部感謝だよね、と言えるようになったときに、自分の人生が自分にとっていちばん楽になります。自分が楽に幸せに生きるためのアイテムとして、「幸せメガネ」「感謝メガネ」を神さまから与えられました。

◆感謝しないと損

自分一人の力で、努力で生きてきましたという人は、不思議なことに、なかなか神さまから応援支援をいただけないようです。でも感謝をしていると、この「感謝をしているヒト＝人間」に対しては、神さまも応援しようかな、と思うらしい。

結局、私たちは「感謝」という眼鏡を通してありとあらゆるものを見ると、それが不幸や悲劇ではなくて、実は感謝の元だった、ということに気がつきます。一つ一つのことを問題処理をして考えてみると、実は不幸や悲劇というものはなくて、全部自分がそのように決めつけていただけなんだ、だから**「感謝」という名の眼鏡をかけて見ると、全部、感謝の対象になるのだ**ということに気がつけばよい、ということになります。それが私たちに与えられた権利。その権利を使いこなしていったほうが楽しいかもしれません。

もしこれを、自分の子どもたちに、

「私たちは唯一神さまによって感謝を許された生物なんだって。あなたも、せっかく感謝ができる生物として生まれてきたのだから、それを使いこなして死んでいかないと損よ」

と伝えることができたら、すべての子どもたちが、感謝に満ちて大人になっていくことでしょう。二一世紀は感謝に満ちた世の中になるかもしれません。

そして、二二世紀を通して、二三世紀にも伝わったなら、「人間」を楽しむという意味で、もっと明るく楽しい人たちが地球上にたくさん増えていくのかもしれません。

26

「あなたはあなたのままでいい」と子どもに言い続ければ、自分も心穏やかに過ごせる

◆母親が寂しそうだったから来た

子どもがちゃんとした言葉を話し出すのは、だいたい二歳半くらいです。三歳くらいになると、しっかりした文章で話すようになります。

その話し始めるようになった子どもたちに、

「お母さんのところに来る前に、あなたはどこにいたの」

と聞いてみた人たちがいました。すると、その記憶を宿していて、話してくれたという子どもたちが、私の知る限りでは二〇人います。この二〇人の子どもたちは、ほとんどが三歳から四歳の間でした。生まれる前の記憶があっても、二歳半までは、

言葉でうまく表現することができず、四歳半くらいになると、今度は記憶が薄らいでくる、というのでだいたい三歳児にこういう例が多いようです。

そして、この子たちは全国にいて、二〇人の親同士が友人であることはなく、もちろん子ども同士が知っているということもありません。一人一人が全部、その子の独立した記憶を聞いている親の話です。

この子どもたちは、二〇人とも生まれる前の状態について答えたことが共通しています。

生まれる前に、上からお母さんを見下ろしていたと言います。そして、お母さんが寂しそうだったので、この人の話し相手をしてあげようと思った。そうしたら、このお母さんの子どもとして生まれてきた、と言うのです。

子どもがこの母親の元に行こう、と思ったのは母親が寂しそうだったから、悲しそうだったから、という動機らしい。夫婦喧嘩をしていたり、休日も父親が忙しくていなかったり、という状況で母親が寂しい思いをしているのを、上から見下ろしていたのかもしれません。

二〇人とも横の連絡がない子どもたちの記憶をそれぞれに辿《たど》っていったときに、そこに共通項があったというのは面白い話でした。

◆本当はあなたを愛していた

もう一つ、親子の関係で共通項があります。

子育てがうまくいかずに、ノイローゼになり、子どもを殺してしまった母親がニュースになったりします。この人たちに共通することを探していった結果、一つの法則が見えてきました。

子どもを殺した母親に共通していることは、殺した母親（Aさんとします）自身が、その母親（Bさんとします）から「あんたなんか産む予定じゃなかった、産まなければよかった」と言われ続けていた、というものです。それは、子どもの根源的な部分を壊してしまうことになるので、親子関係が醸成《じょうせい》されず、言われた子自身が、自分の子どもに愛情を持てなくなってしまいます。

殺してしまったAさんのほうは、刑務所に入ってカウンセリングをうけても、子どもに対して愛情が湧《わ》いてこないらしい。子どもを殺して申し訳なかった、と言わないそうです。「自分の子どもなのに愛情が持てないのか」といくら説得しても、説得によっては変わらない。

そこで、Aさんの母親であるBさんを連れてきて、娘に面会をさせます。そして、**「あなたには、若い頃にひどいことを言ってしまったけれど、本当はあなたをすごく愛していた。あなたが可愛かったのよ」**

と何回でも何十回でも言ってもらう、という方法があります。何十回もその言葉を聞いて、初めてそこで心が緩む人もいる。そして、

「ああ、自分の子どもに悪いことをしてしまった」

と、涙を流すことがあるそうです。もし、Aさんの母親であるBさんが既に亡くなっていたりする場合は、Aさんの心は緩みません。でも、そのときは、友人たちがいます。友人たちがAさんへの愛情を言い続けることも、心が緩む要素になるようです。

◆あなたはあなたのままで

ですから私たちは、自分の子どもに向かって、

「あなたを産まなければよかった」

という言い方はしないほうがいいと思います。自分はこの世に生まれる必要がなかったのだ、と思わせることになる。これから結婚して子どもを育てようという方があったら、どんなに腹を立てたりイライラしても、その言葉は言わないように心がけてください。親が、自分の子どもにとことんやってくれた、という親子関係だと、その子も自分の子どもに対する愛情や優しさが育《はぐく》まれるようになります。


ところで、この話を聞いた主婦の方から、相談を受けました。

「私も幼い頃に母親にそう言われて傷ついたことがあります。母親は何かのはずみで言ったらしく、まったく覚えていないというのですが、私はその記憶が今でも心の傷になっているのです。そういう場合は、どうすればいいのでしょうか」

人間ですから、たまたま言ってしまうことはあるでしょう。子どもを否定することを言わないほうがいい、とはお話ししていますが、一度や二度言ってしまうこともあります。先ほどの共通項は、数限りなく言われ続けた場合のことです。ですから、いつまでもそれを気にするよりは、自分の子どもに温かさ、優しさを投げかけるようにしてはどうでしょう。

私自身の生き方として、**子どもに「あなたはあなたのままでいいのよ」と言い続ける。**そうしていくことで、子どもにも好かれて、心穏やかに過ごせるようになるかもしれません。

相談に来た主婦の方に、私は笑顔でこう言いました。

「素敵な笑顔ですね。この世に生まれてくださってありがとう。私はそう思います」

その方は、どっと涙を流されました。そして笑顔になりました。

「ありがとうございます。救われました」と言ってお帰りになりました。

第5章

「人生を楽しむ」秘訣は、良き仲間と共にいること

27

「あなたが可愛くて仕方がない」と接してくれた人が、私たちの人生には必ずいる

◆息を吹き返した人に共通すること

私は大学時代に精神科学研究会という会に所属していました。ここで研究の対象となるのは、超常現象や超古代史、ＵＦＯ、あの世の話などです。

その中でも、あの世の話については「臨死体験」が、一般的に知られています。

私自身、四〇年研究する中で、一度心臓が止まってから、また動き出したという経験をした人に、二〇〇人ほどお会いしてきました。その結果として、どういう状況のときに心臓がもう一度動き出すか、ということがだいたいわかってきました。

心臓が止まったとき、本人の意識はどこか林の中を歩いているそうです。その林

を抜けると、急にきれいなお花畑が広がるのだとか。そのお花畑の五〇メートルから一〇〇メートルほど先に川があるそうです。いわゆる三途《さんず》の川でしょうか。

その川に向かってお花畑の中を歩き、川に到達する前に、最愛の家族の叫ぶ「死なないで！」という声が聞こえた。そして「**ああ、あの家族のためにもう一度戻りたい」と痛切に本人が思ったときだけ、生き返ってくる**というのです。

余談ですが、私がお会いした二〇〇人のうちの約九割の人は、「最愛の孫に呼ばれた」ということでした。または、新婚三カ月までの若夫婦で結婚相手に呼ばれた、という場合もありましたが、何十年も連れ添った夫婦の例は、今のところまだ聞いたことがありません。

この話をある講演会でしたところ、その後の二次会で五〇代半ばの男性が立ち上がってこう言いました。

「もし自分がお花畑を歩いているときに、妻の『帰ってきて！』という声が聞こえたら、俺なんか、足を速めてしまう」

会場は大爆笑でした。

◆愛情だけで接してくれた人たち

実は、この話には続きがあります。

お花畑を川に向かって歩いていると、川の向こうには何人か、自分の知り合いがいるのだそうです。人によって、それが六人～一五人のいずれかですが、とてもにこやかな笑顔で立っているとか。

その人たちは自分の人生の中で、一度も怒ったりしたことがなく、ただ愛情だけで接してくれた人だといいます。生まれてから今まで「**あなたが大好きで、可愛くて仕方がない**」というふうに接してくれた人が、私たちの人生には最低でも六人はいるようなのです。

その人たちが先に亡くなっている場合は、川の向こう側にいて優しく微笑んでいるそうです。川の幅は人によっては一〇メートルにも一〇〇メートルにも思えるのですが、向こう岸にいる姿は、はっきりと見えるといいます。その人たちの顔を見ると、**懐かしくてうれしくて幸せで涙が止まらない**そうです。

その話を聞いて、私も五九年の人生の中で、自分を慈しんで愛情だけで接してくれた人を数えてみました。そういう人たちが、やはり六人くらいはいます。

私の父親は、とても厳しい人でした。警察官で、戦争で憲兵をして戻ってきた後も、また警察官をしてきた人ですから、人間関係・家族関係は全部、怒鳴って命令する、という状況でした。

長男である私にも、自分の思う通りにならないと、「出て行け」と言って、家の勝手口から外に出してしまいました。小学校低学年当時の話です。夜の八時九時、真冬の寒い時期に裸足《はだし》で出されてしまうのです。母親も何か言えば、父親がもっと怒ってしまうのがわかっているので、手が出せないでいました。

そうして小林家の勝手口がバタッと閉まると、間もなく隣の家の勝手口が開くのでした。家と家の間が一メートルくらいしか離れていないので、全部聞こえてしまうのでしょう。

隣の家のおばさんが出てきて、

「いつも大変ねえ。まあ入りなさい」

と言って家へ入れてくれました。

そして、

「お腹が空いたでしょう」

と言いながら、味噌《みそ》おにぎりを握ってくれるのでした。そのおにぎりの、美味しいこと。家を叩き出されたのを忘れてしまうほどでした。

その隣の家のおばさんは、今では名前も覚えていません。けれども、当時ずっと可愛がってくれて、何かつらいことや厳しいことを言われたことは、一度もありませんでした。

幼い頃の記憶ではありますが、この人も間違いなく、この何人かの中にいるだろうと、私は思っています。

皆さんも指折り数えてみると、自分の人生の中で、ただひたすら愛するだけで接してくれた人が、何人かいるのではないでしょうか。**私たちの人生の中には、必ず愛してくれただけの人がいる**のです。

そして旅立った人たちも、おそらくは、とても優しく接してもらっているのではないでしょうか。

28 本当の幸せは自己達成ではなく、温かくて愛情に満ちている人に囲まれていること

◆周りから愛されていたら

自分の意志で死後の世界を旅して、帰ってきた人の話を聞いたことがあります。部屋に鍵をかけて、電話など外の情報もすべて遮断するのだそうです。そのようにして、自らの意志で肉体を離れて、あの世を見てきたという、そのときの話です。

その人は林を抜けて、お花畑から川岸まで来たときに、そこから下流に行ってみたといいます。すると、お花畑の上空は真っ青な美しい空で、太陽が輝いていたのが、だんだんと暗くなっていったというのです。その先は黒いもやに包まれたような状態で、大変寂しいところでした。

そろそろ帰ろうかと思ったときに、暗い闇の中に一つの古びたビルがあったそうです。そこには男性が一人いて、階段を上っては下を見下ろして、飛びおりるということを繰り返していました。その彼が小さな声でつぶやいたのが、はっきりと聞き取れたそうです。

「これを何回繰り返したら、死ぬことができるのだろうか」

この話を聞いて私は、たった一人でいることの、孤独の寂しさを思いました。この世の中でいちばんつらいのは、社会を恨んで、人を憎んで誰にも心を許せず、誰も信用したり好きになることなく、亡くなること。それを孤独地獄といいます。

ですから、孤独地獄の中で自らの命を絶つことは、おすすめしません。

それならば、出会うすべての人に好かれて、愛される状況をつくってから考えたほうがいいかもしれません。たぶん、そのときには死にたいとは思わなくなっているでしょう。周りの人から愛されていたら、どれほど楽しくて幸せか、ということがわかってしまうからです。

◆良き仲間に囲まれる

ここで人間の幸せ度についてお話ししましょう。

平均的な人間の幸せ度をゼロだとします。このときに地獄度が一〇〇、つまり天国度マイナス一〇〇に対して、反対側に針が倒れていくと天国度が一〇、二〇、三〇……といって、一〇〇になります。天国度一〇〇の状態です。

天国度マイナス一〇〇＝地獄度一〇〇の状態は何かというと、炎熱地獄でも灼熱《しゃくねつ》地獄でもなく、孤独地獄です。孤独が最たるものなのです。

では、それとはまったく正反対の逆のところにある、天国度一〇〇の状態とは何でしょうか。

それは「**良き仲間に囲まれる**」ということでしょう。

天国度一〇〇（幸せ度一〇〇）というのは、何かに成功することではないと私は思っています。達成目標を立てて、それを達成することでもありません。それが天国度四〇、五〇としては存在すると思います。けれども、本当に幸せを味わえる環境というのは、実は良き仲間に囲まれていて、そこに自分が身を置いているだけで楽しくて幸せだという状況。これが一〇〇％の天国ではないでしょうか。

人は一人で生きているとヒト、人の間で生きていて人間、とよくお話しします。この「人間」という言葉からも、私たち人間の幸せの形が、見えてくるように思います。

本当の幸せは、自己達成することではなく、人の間で生きていて、その人たちが皆温かくて、愛情に満ちている、そういう人に囲まれていることです。その人たちは家族だけでなく、職場でも、たまたま隣り合わせた人でもかまわない。初対面であっても、本当に優しい目で人を見ることのできる人と出会うことができたなら、それでいいのです。

29

本当に居心地のよい世の中とは、敵がいなくて、皆が味方で生きる世界

◆四〇歳を過ぎた人へ

人生には折り返し点があります。

寿命が八〇年の人は人生の折り返し点が四〇歳、寿命が七〇歳の人は折り返し点が三五歳、ということです。その折り返し点を過ぎたようだ、と自分で思える方があったら、次のことに意識を切り替えることをおすすめします。

旅をするときは、どこへ行くか、ではなく、**誰と行くか**。

食事をするときは、何を食べるか、ではなく、**誰と食べるか**。

語り合うときは、何を話すか、ではなく、**誰と話すか**。

ということが、実は幸せの本質。二〇代、三〇代のうちは、旅先の目的地を「北海道へ行きたい」「アメリカへ行きたい」というように、目的地を選ぶのも楽しいでしょう。それが若さというものです。けれども四〇歳を過ぎたら、どこへ行くかよりも、一緒にいる人を選ぶことのほうに幸せの本質があります。

自分が「人の間で生きていて幸せ」と思える、そういう人間関係の人たちと一緒に旅をすることができたら、田んぼのあぜ道で座っておにぎりを食べていても、幸せを感じます。

でも、どんなにいいところへ行っても、気の合わない人、価値観の違う人、たとえば気に入らないことがあると、ホテルのフロントの人を怒鳴りつけるような人と一緒では、楽しくありません。ですから、人生の折り返し点を過ぎる頃であろう四〇歳を過ぎたなら、どこへ行くかではなく、誰と行くかが大切になってきます。

まだ若い方にはこの話はわかりづらいかもしれませんが、私たちは人の間で生きていて人間です。そしてこれを簡単に受け入れられない人もいます。なぜなら、小学校、中学校、高校、大学で私たちが教わってきた価値観というのは、競うこと、比べること、争うこと、闘うこと、抜きん出ることだけだったからです。この価値観で育った優秀な人が少数存在するだけで、組織としては成り立つかもしれません。けれど、**私たちが本当に居心地のよい世の中というのは、皆が仲間で、ライバルや敵がいなくて、皆が味方で友人で生きていく、という世界ではないでしょうか。**

◆温かな人間関係

人間はもともと、競うこと、比べること、争うこと、闘うこと、抜きん出ることというのが体に合っていません。そのようにはつくられていないようです。ですから、競って比べる生き方をしていると、体が壊れるようになっています。「このままだと体が壊れますよ」と体が反応するのです。

でも、そのようにしてがんになった人がいたとします。そのがんで亡くなる人もあれば、がん細胞が自然消滅して治ってしまった人もいて、その両方を聞いたことがあるでしょう。がんが治ってしまった人というのは、がん細胞を味方と思って話しかける人のようなのです。

がん細胞に対して「お前なんか出て行け」という敵対的な心があると、がん細胞はどんどん力を増すようです。逆に、

「私の体に宿ってくれたおかげで、私の生き方が変わりました。今まで、競って比べて争って、抜きん出ることばかりを考えて生きてきたけれども、がんさん、あなたがそれを教えに来てくれました。私はそれを無にしないで、これから自分の生き方を変えます。教えに来てくれて本当にありがとう」

と、**心の底から感謝をした人は、早ければ数日後にがん細胞がなくなる可能性があるようです。**がん細胞は憎まれれば憎まれるほど元気を出す細胞のようです。ところが感謝をされることがいちばん弱いらしい。

「あなたが教えに来てくれたおかげで、今まで頑張っていた人生を、もっと安らいで穏やかに生きることになりました。本当に、今生きていることが幸せです。ありがとう。目の前にいる人は敵ではなく、全部味方であることがわかりました。その味方の中で、私は温かな状況で生きています」

そう言われると、がん細胞は弱っていくようなのです。

これは先ほどの話と同じです。

「地獄度一〇〇」から「天国度一〇〇」。**いちばん幸せ度の高い状況は、良き仲間に囲まれていること。**同じがんの仲間はとても優しくて本当に親切なので、「がんにならなければ、人間の優しさを根元的に知ることがなかった。自分ががんになって本当に良かった」

と思える人がとても多いそうです。

そういう温かな人間関係の中で生きていくと、人間は本当に幸せに生きていくことができるようなのです。

30

天国度一〇〇%とは、良き仲間に囲まれていること

◆どちらが生の世界か

あの世の世界、といえば、私たちが普段使う言葉で不思議なものが、いくつかあります。

「生前あの人が使っていた箸《はし》です」

「生前あの人が愛用していた万年筆です」

という言い方を、私たちはよくします。「生前」とは死の前、ではなくて「生の世界の前」と書くのです。

また、「大往生《だいおうじょう》」は、「まったく悩んだり、苦しんだり、つらい思いをせずに亡く

なること」をいいます。死ぬことを往生したといいますが、往生とは「生の世界へ往《い》く」と書いてあるのです。

「生前」という字から想像できるのは、死んでいく向こうが生の世界。

そして「大往生」は生の世界へ往くこと。

さらにもう一つ、「誕生」の「誕」。この字を、漢和辞典でひいてみると、「誕」には、「仮初《かりそ》めの、装いの、いつわりの」という意味があります。いつわりの、というのは悪い意味ではなく、装うという、良い意味でのいつわりです。ですから誕生とは、装った仮初めの姿で生まれること。

私たちがこの世に生まれて生きているのは仮初めの生命で、本当の世界は向こうにある、ということを昔の人々は認識していたのかもしれません。それが「生前」「往生」「誕生」という言葉に残っているように思われます。

私たちは肉体がある状態と、肉体のない状態（魂だけの状態）を交互に繰り返しながら生きています。これを輪廻転生といいます。この肉体を持つ、ということがどういうことかというと、魂だけのときに比べると、ものすごく制約が多い。実は、私たちが肉体を離れて、魂だけになった状態のときが本体なのです。本体が、仮の姿の着ぐるみを着ているだけなのが今の姿。その着ぐるみも、全部自分で選んだのです。

肉体を持って生きている世界が仮の姿で、魂だけの状況が本当の学校。今、私たちは肉体を持って予備校にいます。予備校でだいたい平均でいうと八〇年ぐらいを過ごし、今度は魂だけの状態で中学へ行き、二、三〇〇年続いて、また次の予備校に来て、また魂だけの高校に入って……というようにレベルアップしながら、無限に続くわけです。

その予備校、つまり肉体を持って生きているときには、目的というのがあります。本校に行く前に予備校で何をするか。

それは**「天国度（幸せ度）を高めること」というのがテーマ**です。

幸せ度とは、目の前の現象、目の前に現れること、出来事、病気も事故も全部含めて、

「うれしい、楽しい、幸せ、大好き、愛してる、ありがとう、ついてる」

というように喜びの心を持ってとらえられる、ということです。

◆天国度一〇〇とは

天国度一〇〇というのは、自分がいかに恵まれていて、自分がどれほど幸せな日々を生きているか、ということ。人生をどれだけ楽しんでいるか、ということ。そこに気がついたら天国度が一〇〇になります。

不平・不満、愚痴、泣き言、悪口、文句が無くなったら天国度が一〇〇。天国度が五〇というのは、五〇％の現象は受け入れているけれど、残り五〇％は気に入らない、と言っていること。天国度三〇の人の場合は、三〇％は受け入れているけれども、七〇％は気に入らない状態です。

天国度がマイナス一〇の人がいる。ありとあらゆることが気に入らなくて、さらにこの一〇〇の気に入らないことのうち、一〇分の一は恨み憎しみになっていることを言います。天国度マイナス一〇を地獄度一〇といいます（私が名づけました）。

恨み憎しみというのが継続状態で続いている状態を地獄度と名づけました。地獄度一〇〇の状態は、人を恨んだり憎んだりというのをさらに突き抜けてしまいます。それはどういう状態かというと、孤独地獄。話し相手がいない。友人がいない。仲間が誰もいない状態。孤独がいちばん奥にある、最高に悲しくてつらい状態です。では、地獄度一〇〇の状態がわかったら、今度はそれの一八〇度対極にある、天国度一〇〇の状態が想像できるでしょう。

もう一度言います。

「良き仲間に囲まれていること」

良き仲間とは、同じ方向を向いていて、同じ価値観で生きている人のこと。同じ話題を笑顔で話せる人を良き仲間といいます。私たちの場合は、「喜ばれるように生きている人」のこと。その前段階で、「不平不満」を口にせず、「感謝」をいつもしている人のこと。

良き仲間に囲まれているだけで、天国。それも天国度二〇や三〇ではなくて天国度一〇〇です。

年収何億ももらっている、大会社の社長がいるとしましょう。その人が幸せかどうかは、この人に良い友人がいるかどうか、です。

天国度一〇〇の状態とは、良き仲間と共に、同じ方向を目指して歩んでいられること。それは成功哲学とか、自己啓発とは違います。達成目標、努力目標というのは、自分だけの問題であって、それはもしかすると、いい仲間がいないので、寂しいからそこを目指しているのかもしれません。

天国度が一〇〇というのは、同じ方向に向いている同じ価値観の仲間に囲まれて生きていることです。

◆同じ価値観を持つ友人

同じ方向を向いている、というのは、どのような方向をいうのでしょうか。

今、日本の社会の中で受けている教育は、比べ合い、競い合いです。順位付けする教育が一〇〇％、学校でも家庭でも、会社でも行われています。

でも、まれなことに一％くらい、「人間の社会はどうもそうじゃないみたいだ。目の前の人はライバルではなくて、全部仲間であって、お互いに支援したり支援されたりするのではないか。だから、あなたは成績や順位など関係なく、そのままでいいんだよ」という価値観の人がいるのです。

そういうつもりで周りを見ていくと、一〇〇人の中に一人か二人、あるいは三人か四人か、多い人は一〇人や一五人、その一％側の価値観の人がいることに気がつくかもしれません。そういう人と一生お付き合いをして、いい仲間で生きていくことができるなら、そちらのほうが本当の友達かもしれません。

競争したり、競ったり比べたりするのではなくて、良き仲間、同じ価値観を持っている仲間に囲まれて生きていくこと。達成目標や努力目標はいらないのです。

そのような仲間に出会ったら、ご縁を大切にし、その人一人一人を大事にして生きてみましょう。必ずや、楽しく幸せな日々が待っています。

特別対談

聞き手・構成　編集部

作家　ひすいこたろう × 正観塾師範代　高島亮

作家、コピーライター。『3秒でハッピーになる名言セラピー』（ディスカヴァー・トゥエンティワン）などベストセラー多数。小林正観さんの講演には一〇〇回以上参加するなど、大きな影響を受けた。

株式会社ぷれし～ど代表取締役。小林正観さんの教えを伝える正観塾師範代としても活動。著書に『すべては見方次第』（扶桑社）など。

◆小林正観さんと出会って変わったこと

――まずはお二人の正観先生との出会いについて教えていただけますか？

高島　僕が正観さんと出会ったのは一九九六年。当時、出版社で講演会とかセミナーを主催する部署にいました。その年に正観さんの最初の本『22世紀への伝言』が出たんですが、それをたまたま読んで非常に面白かったので、講演をお願いできればと思い、会っていただいたのが最初です。

ひすい　僕は二〇〇三年頃でしょうか。たまたまサイトで知って、本を取り寄せて読んでみたら、もう内容にビックリ。こんなふうに考えればいいんだって。それですぐに正観先生の講演に行ったんですが、そのとき「五〇％五〇％の法則」の話をしてくださったんです。実は、当時、僕はカミさんと離婚したいくらい夫婦関係に悩んでいたんですが、その法則を聞いたら一瞬でカミさんに感謝できたんです。

――先生はどういう法則を話されたのですか？

ひすい　「人はみんな右肩上がりの順調な人生に憧《あこが》れるけど、それだけが幸せじゃないですよ」という話です。右肩上がりばかりだと、ちょっとしたことで挫折《ざせつ》しちゃったり、天狗《てんぐ》になっちゃったりします。一方で、紆余曲折あるほうがいろんな体験ができるから、「**順風と逆風が五〇％、五〇％ぐらいのときが人として一番成長できるんですよ**」と。で、「**宇宙は陰陽半々になってるから、実は、どんな人も実際は五〇％、五〇％になってるんです**」と。

この話を聞いた当時、僕は仕事がちょうど絶好調期だったんで、僕は五〇％五〇％になってないなと思ったんです。ところがその直後、正観先生がこう言ったんです。「**こ**

の話をすると、懇親会で『ちょっと違うんじゃないですか?』と聞いてくる人が必ずいるんで先にお伝えしておくと、この法則は間違ってません。間違いだという人は、身近なところですごい逆風を吹かせてくれてる人がいるはずです。たとえば奥さまとか」とおっしゃられて。「え? ドンピシャで当たってる!」って(笑)。

高島　そうなんです。五〇%五〇%は人数の比率じゃなくて、エネルギーの比率なんです。妻や夫、親や子ども、上司や部下など、身近な人からの逆風は逃げられないから、その分、エネルギーが高いと。

ひすい　僕はその話を聞いたときに、「俺が、今こんなに仕事がうまくいってるのは、カミさんがこれだけの逆風をたった一人で吹かせてくれてるおかげだったんだ」って思えたんですね(笑)。「どうせ人として成長するのに逆風が必要だとするなら、俺、カミさんの逆風がいいな」と。正観先生の講演に来る前は、離婚したいぐらいだったのに、この法則を知って一瞬でカミさんへの感謝が溢れました。

考え方・見方を知ることで、本当に一瞬で人生が変わるなっていうのが、正観先生の講演会で肌身で感じました。

高島　見方を変えると一瞬にして心が変わるんですよね。正観さんのおっしゃること自体は、一般的にはプラス思考と言うのかもしれません。正観さんご自身は、「**私はプラス思考**

を勧めているわけではありません。現象自体にはプラスもマイナスもありませんから」と言うんですけど。ただ、いわゆるマイナスよりプラスで見たほうが自分にとって得じゃないですかっていう話をされていたと思うんです。

ひすい　「**幸も不幸もない、そう思う心があるだけです**」という、正観先生のベースの考えですね。

高島　そうですね、それが正観さんの「見方道」のベースですね。

ひすい　そういう意味では、正観先生のフレーズの中で、僕の中で革命が起きた、ものの見方を一つに絞るとしたら、この言葉ですね。「**なんにも起きない、淡々と過ぎる普通の毎日が幸せの本質です**」と。

僕は、仕事で裁判沙汰になりそうなぐらいの大ミスを犯したことがあるんです。その電話を受けたときは、東京ドームの近くの公園だったんですが、ショックで腰を抜かしちゃって歩けなくなりベンチでずっと横になっていたほどで。気づいたらもう真っ暗になってて、とにかく帰らなきゃいけないから、立ったら歩けたので、なんとか丸ノ内線に乗ったんです。帰宅ラッシュのタイミングですから、僕の隣には、スーツを着た会社員っぽい方がつり革につかまって疲れた顔で立っていまして。僕はその人に教えてあげたくなったんです。「疲れてるように見えますけど、でも、しょせん昨日と同じような疲れですよね」と。僕はもう昨日と同じ疲れじゃないんです。僕はもう裁判になるかもなんですと。そのとき、「昨日と同じような一日を過ごせるって、それだけで何よりも幸せなことなんですよ」と隣の疲れたように見える人に教えてあげたくなったんです（笑）。

高島 「淡々と過ぎる普通の毎日が幸せの本質」って、本当にそうだと。それまで僕はこうならないと幸せになれないと思っていた「幸せのハードル」があったんです。でも、ハードルがゼロになっちゃうと、毎日幸せを感じる時間がめちゃくちゃ増えたわけです。友達とご飯を食べていたら、それがもう、究極の幸せですから。正観先生の教えを学べば学ぶほど、毎日ご機嫌で過ごせるようになりましたね。

ひすい 昔はそんなにご機嫌じゃなかったんですか。

高島 もともとが根が暗いので、文句ばっかり言っていました。弟がびっくりしましたから。久しぶりに僕に会ったら、「あんなに文句ばっかり言ってた兄ちゃんが、お坊さんのように温和になってしまった」と（笑）。正観先生との出会いのビフォー・アフターで僕はまったく違う世界で生きるようになったと言っていいですね。

ひすい そのぐらい本当に何もない当たり前の毎日を、すごく幸せに味わえるようになったんですね。それでご機嫌に。

高島 亮さんが主催した正観先生のセミナーのおかげです。5時間講座、めっちゃ楽しかっ

高島　たですね。「幸せの温泉」に浸《ひた》っているような時間になるんですよ。

ひすい　そうでしたね、本当に。毎回、大体一〇〇人ぐらいご参加いただいていましたね。

高島　あんなに不平不満、文句が多かった僕が、あの温泉に毎月浸《つ》かっていたら、すっかり、お坊さんのような温和な人に変わって、弟も驚いています（笑）。

ひすい　ひすいさんがそうやって通ってくれるようになって、一、二年してから、ひすいこたろうでデビューされたんですかね。

高島　はい。そうなんです。

ひすい　『3秒でハッピーになる名言セラピー』が出たころ、正観さんが5時間講座で、「最近、ひすいこたろうさんっていう人が本を出したみたいで、いろんな人の言葉を名言として取り上げてるんですけど、結構、私の言葉も入ってるらしいです」みたいな話をしましたよね。

高島　正観先生の言葉、一番入ってます。

ひすい　それで、「なかなか売れてるみたいで、いい本ですよ」って話を二、三回ぐらいされたことがあったんですが、ひすいさんが5時間講座に参加してくれているって、僕、わからなかったんですよね。正観さんがひすいさんの話をしても、ひすいさんは「それは私です」って言わないですし。

ひすい　恥ずかしかっただけです。僕にとっては正観先生はあまりにも雲の上の存在すぎて、普通の日常会話しかできなかったですね。本に言葉を載せさせてもらうときもガチガチに緊張して校正をお願いしましたし。

高島　5日間の合宿のときにカラオケで肩を組んで一曲歌ったことはありますけど。何を歌ったんですか。

ひすい　確か尾崎豊を歌ったんですよね。他には、その合宿のときに、たまたま僕と正観先生がパートナーになって、一緒に湖で二人きりで白鳥のスワンをこいだこともあります(笑)。

高島　5日間の合宿で、箱根の芦ノ湖のときですね。

ひすい　僕は申込みが遅くてみんなが泊まっているペンションを予約できなかったので、一人で近くのペンションに泊まることにしたんですが、そこが幽霊が出そうな宿だったんです。普段は三秒あれば寝れるんですけど、そこは怖すぎて寝れなくて。寝不足がたまったまま正観先生と二人っきりでスワンに乗ることになったんです。そのときまで僕は正観先生に一度も質問したことなかったんですが、「正観先生、僕の泊まってる部屋、めっちゃ怖くて、幽霊が出そうなんですけど、どうすればいいんでしょうか」って聞いたんです。

高島　それが初めて正観さんにした質問なんですね。

ひすい　そうなんです（笑）。正観先生への最初で最後の質問が幽霊対策（笑）。そしたら、正観先生が「ひすいさん、幽霊は気にしなければ大丈夫」とおっしゃってくれて。でも僕は、「そうは言っても、もう、めちゃめちゃ気にしちゃってるんです。気にしちゃった場合はどうすればいいいんですか？」と聞いたら、「部屋の四隅に天然の塩を置けばいい」と。直接質問したのはこれが最初で最後です（笑）。正観先生は僕にとって恐れ多すぎて、勝手に壁をつくりすぎて親しくなるとか一切できなかったですね。

◆小林正観さんから受け継いだもの

ひすい　亮さんは正観先生が唯一、師範代と指名されたわけですから、すごいと思うんですよね。

高島　なぜなのかは正観さんしか理由はわかんないんですが、亡くなる半年ちょっと前に、いきなり言われたんです。「正観塾の師範代と名乗っていいから、講演をするといいですよ」って。僕を指名した理由らしきことといえば「たくさん私の話を聴いてるから」というくらい。ただ、正観さんと長く関わって、話もたくさん聴いて実践している方たちが他にもたくさんいたから、僕は何人かの師範代候補者の中で一人目に指名されたんだろうなくらいに思ったんです。

もちろん、心の中では「正観さんの代わりなんかできるわけがない」と思ってたんですよ。でも、正観さんの**「『私なんかにできません』というのを謙虚じゃなくて傲慢《ごうまん》と言います」**という言葉をずっと聴いていたので、「ここで『できません』と言うのは、傲慢と言うんですよね」って正観さんに聞いたら、「そのとおりです」って言われて。それで「わかりました。やらせていただきます。ありがとうございます」となったのが経緯なんです。

――師範代に指名された本当の理由は、結局わからなかったんですか?

高島 本当の理由はわからないですね。後から考えて、これかなと思える唯一の理由は、ダジャレですね。

――ダジャレ?

高島 正観さんはダジャレがすごく好きで、講演でも年を追うごとにダジャレ比率が高くなっていったんです。正観さんの本に感動して、期待して初めて講演会に来た方がポカンとしちゃうなんてこともよくありました。ダジャレばかり続いて、いつになったら本題に入るのかな、と。ようやく一区切りがつこうというときに、正観さんは「そろそろ本題に移りましょうか。本代は一五〇〇円です」って。

高島　そういうやつですか……。

高島　そのぐらいダジャレが好きで多かったんです。僕は師範代としてお話もさせてもらうけど、そこだけは引き継いでるかなと思います（笑）。亡くなる一カ月前、最後に僕が主催させてもらった正観さんの3時間講座が三日間連続であったんです。一日目と二日目はその建物の七階の会場だったんですが、最終日だけ六階の会場になったんです。だから、二日目の終わりに僕は主催者として「昨日と今日は七階の会場でしたけれども、明日は六階ですので間違えないように来てくださいね」とアナウンスしたんです。そしたら、正観さんがすかさずマイクを取って、「誤解（五階）のないように」と。

ひすい　なるほど。

高島　かぶせてきたんです。だから僕もすかさず「司会（四階）は僕ですが」と返したら、正観さんがまた間髪置かず「では、これにて散会（三階）」と。

ひすい　すごい息が合ってるんですね。

高島　そのとき僕いました、その会場に。ダジャレの応戦で最後、すごい大拍手になりましたもんね。

ひすい　あと、亮さんとのことも少しお話しさせていただくと、僕は亮さんと「沖縄マジカルツアー」という毎年続けている三泊四日イベントを一緒にさせてもらってますよね。

高　島　もう二〇二〇年で一〇周年になりますね。

ひすい　僕はいろんなイベントに呼ばれるから、主催者さんをたくさん知ってるんですけど、亮さんは正観先生が指名するだけあって断トツにすごいんです。何が断トツかと言うと、イベントの初日って最後みんなで輪になって自己紹介するんですけど、亮さんってそこで寝始めるんです（笑）。直前に寝ずに準備して来てるから。普通は主催者さんが寝るって、怒る参加者もいると思うんです。でも、みんな亮さんが寝てるのを見て、笑って、幸せな気持ちになってるんですよ。とにかく亮さんっていうのは、「花は香り、人は人柄」っていうふうな句がありますけど、人柄の花が素晴らしいんですよね。亮さんの人柄がいいから、一緒にいるとあったかいし、ゆるいし、楽しいし、それで人が集まってきて、面白い展開になっていくんですよね。正観先生が亮さんを師範代に唯一指名したのは、正観先生が実現したかったあたたかいコミュニティを見事に体現できるからというのをすごく感じました。

高　島　これは、ひすいさんに何をお贈りすればいいですか（笑）。

ひすい　正観先生がおっしゃってる方程式の中で、「**自力＋他力＝一〇〇**」というのがあるんですね。自力を手放せば手放すほど他力が働くって。自力が九〇の人は他力が一〇しか働かなくて、自力が五〇の人は他力は五〇。足して一〇〇になるから、自力がゼロの人は他力が一〇〇になる。他力っていうのは宇宙の力だから、宇宙の力一〇〇のほうが自力一〇〇よりもとんでもなく豊かで面白くて、想像もできない世界に連れていってもらえる、というのが正観先生の方程式なんです。

亮さんっていうのは、ある意味、言い方悪いですけど、自力がゼロじゃないかなって。正観先生の言う「自力＋他力＝一〇〇」の方程式で、一番他力の楽しさを生きてるのが亮さんじゃないかなと思うんです。正観先生はこの他力一〇〇ぶりを買って師範代に指名した気はすごくしますけどね。

高島　すごいですね。まったく他人のことを聞いてるようなんですけれども、ありがとうございます。ツアーの初日に参加者さんがあいさつしてるのに寝たのは、まさにネタ（寝た）ですね（笑）。

僕から見たら、今言ってもらったことをひすいさんにこそ感じていますよ。正観さんは「人が集う人」で、正観さんと話したり一緒にいたりするのはもちろんですが、正観さんの周りに集う人たち同士でもみなさん仲良く楽しんでいました。この本でも「天国度一〇〇」っていう話が出てきますが、皆さん同士が、その天国をつくっている。同じように、ひすいさんの周りには、本や講演、話を通じてひすいさんを知った人たちがみんな大ファンになって集い、良い仲間になって、互いに応援し合ったりしているじゃないですか。温かい時間とみんなが楽しむ場を実現できてるんですよね。

ひすい　僕は亮さんが主催された正観先生の講演会に三年通いましたからね。その空気感をひな型として受け取ってますから。

高島　正観さんは、本当に幸せな人生っていうのは、さっきの「淡々と過ぎていく何事もない日常」ではあるんだけれども、この本でもあるように**「天国度一〇〇といえる人生というのは、良き友、良き仲間と過ごす人生なんですよ」**と言っています。ひすいさんはまさに、周りに集うみなさんとともにその「天国度一〇〇」を実現していますよね。

ひすい　恥ずかしい。でも、それはうれしくありがたい話ですね。

◆私は命を懸けて、これをいただいています

ひすい　日常の中のちょっとしたことで、正観先生の何か印象に残ってることはないですか。こういうプレゼントするんだとか、そういうちょっとした、正観先生のこぼれエピソード的な。

高島　こぼれエピソードですか。そうですね、正観さんはおやつとか甘いものが大好きでしたね。痩《や》せてほっそりしていたんだけど、すごい食べるんです。出されたものは喜ん

で食べるという。

ひすい　痩せてましたよね。こっそりダイエットしてたとかあるんですか。

高島　全然ないですね。合宿をやると、夕飯食べて、夜集まって茶話会っていうのをやるんです。お菓子やジュースやそういうのを用意してみんなでしゃべるんですけど、夜中の0時過ぎとか一時ぐらいになると、夜食のおむすびが出てくるんです。正観さんも参加している人たちもたくさん食べるんだけど、なぜか太らない。

ひすい　楽しいと太らないんですね。

高島　エネルギーが回るんでしょうかね。晩年、ご病気をされてからは、講演会が終わった後、会場（ホテル）のお部屋までお見送りするようになって。そうすると、正観さんが「ちょっとコンビニに行って、ゼリー買ってきてくれませんか」とか、おやつ系をお願いされました。

ひすい　お菓子好きだったんですね（笑）。

高島　果物も好きだったり。でも、ご病気で果物はNGなんです。「正観さん、大丈夫なんですか。お医者さんからも止められてるんじゃないですか」って言っても、「ゼリーの果物は熱処理されているから、いいんです」って言って。そのあたりは意外と無邪気というか、何というか（笑）。たまたま僕のときだけかもしれませんけど。

ひすい　「正観先生、子どもらしいな」みたいなところは他にもあったんですか。

高　島　子どもみたいじゃないんですけど、食べ物エピソードで言うと、ご病気になって最初に緊急入院になったのが、正観さんのお誕生日会の一〇日くらい前だったんです。結局、主役不在で誕生会をやることになりましたが、正観さんが外出許可を取って来られたんです。みんな大喜びだったんだけど、その中に「正観さん、今日はいらっしゃると思っていませんでしたが、お誕生日のお祝いと思って持ってきたものがあるので、ぜひ召し上がってください」と、おはぎを出してくださった方がいたんです。甘いものは厳禁だったんですが、もちろんその方はそんなことはまったく知らずに。

するど、正観さんはそのおはぎを全部じゃないけど、「いただきます」って言って食べたんです。そこまでして好きな甘いものを食べたいのかなと思って見ていたんだけど、でも、正観さんは、自分の体のことよりも「善意を受け取る」ということのほうを大切にされたんでしょうね。

ひすい　なるほどー。

高　島　食べながら**「私は命を懸けて、これをいただいています」**ってみんなを笑わせて、病院に帰っていかれたんです。

ひすい　それはすごい話ですね。

高島　晩年はそんなこともありましたが、そもそも講演が急激に増えて年間三〇〇回を超えた二〇〇〇年あたりからすでに、周りの人からの「もうちょっとセーブしたほうがいいんじゃないですか」とか、「自分の体調のことを気遣ってください」っていう声も多かったんです。なんだけど、正観さんは「私はこれでいいんです。私は友人からの頼まれごとを淡々とやりながら、過労で死んでいくんです。それでいいんです。私が過労で死ぬときに乗ってる車はカローラ」っていう話をしていました。そして本当に、この本にも出てくる「頼まれごとを笑顔でやっていって、喜ばれる存在として生涯を終える」という生き方を自ら実践され、貫かれたと思います。
ただ、カローラには乗っていませんでしたけどね。正観さん、ドイツ車が好きだったから。これがホントの「カローラって言ってたのはどいつだ」（笑）。

ひすい　それ、絶対この本に生かしたいダジャレですね。

本書は、2008年8月に刊行された『「人生を楽しむ」ための30法則』（講談社）を改題・加筆および再編集したものです。

小林正観（こばやしせいかん）

1948年東京都生まれ。中央大学法学部卒業。学生時代から人間の潜在能力やESP現象、超常現象に興味を持ち、心学などの研究を行う傍ら、日本全国で年に約300回の講演会を行っていた。著書多数。2011年逝去。


現在は、正観塾師範代高島亮氏による「正観塾」をはじめ、茶話会、読書会、合宿など全国各地で正観さん仲間の楽しく笑顔あふれる集まりがあります。

詳しくはSKPのホームページをご覧ください。

「Seikan Kobayashi Presents」 http://www.skp358.com/index.html

幸せな人は知っている「人生を楽しむ」ための30法則
2020年2月19日　初版発行
2024年12月13日　2刷発行

著　者　小林正観
発行者　太田 宏
発行所　フォレスト出版株式会社
〒162-0824
東京都新宿区揚場町2-18 白宝ビル7F
電　話　03-5229-5750（営業）
　　　　03-5229-5757（編集）
URL　http://www.forestpub.co.jp

印刷・製本　萩原印刷株式会社

ISBN978-4-86680-070-7　Printed in Japan